【文庫クセジュ】

100の地点でわかる 地政学

パスカル・ゴーション／ジャン＝マルク・ユイスー編
オリヴィエ・ダヴィド／パスカル・ゴーション
ジャン＝マルク・ユイスー／ソニア・ル＝グリエレック
ジャン＝リュック・シュイサ／パトリス・トゥシャール著
斎藤かぐみ訳

Que sais-je?

白水社

目次

用語目次

ア行

カ行

サ行

タ行

ナ行

ハ行

マ行

本文中の＊は、一〇〇語のなかに含まれる用語であることを意味する。

①ウィーン＊
②カリーニングラード＊
③サラエヴォ＊
④ジブラルタル＊
⑤ストラスブール
⑥セヴァストポリ＊
⑦パリ＊
⑧バルセロナ
⑨ブリュッセル＊
⑩ベルリン＊
⑪ボン
⑫モスクワ
⑬ローマ＊
⑭ロンドン＊
A オーデル・ナイセ川＊
B ドナウ川
C マース川
D ライン・モーゼル川＊
E ローヌ川

• 100の地点とその解説に関連する地点のおおよその位置を示している.
• 100の地点に該当するものには＊を付している.
• 国，州，地域，地方の区別は省略.

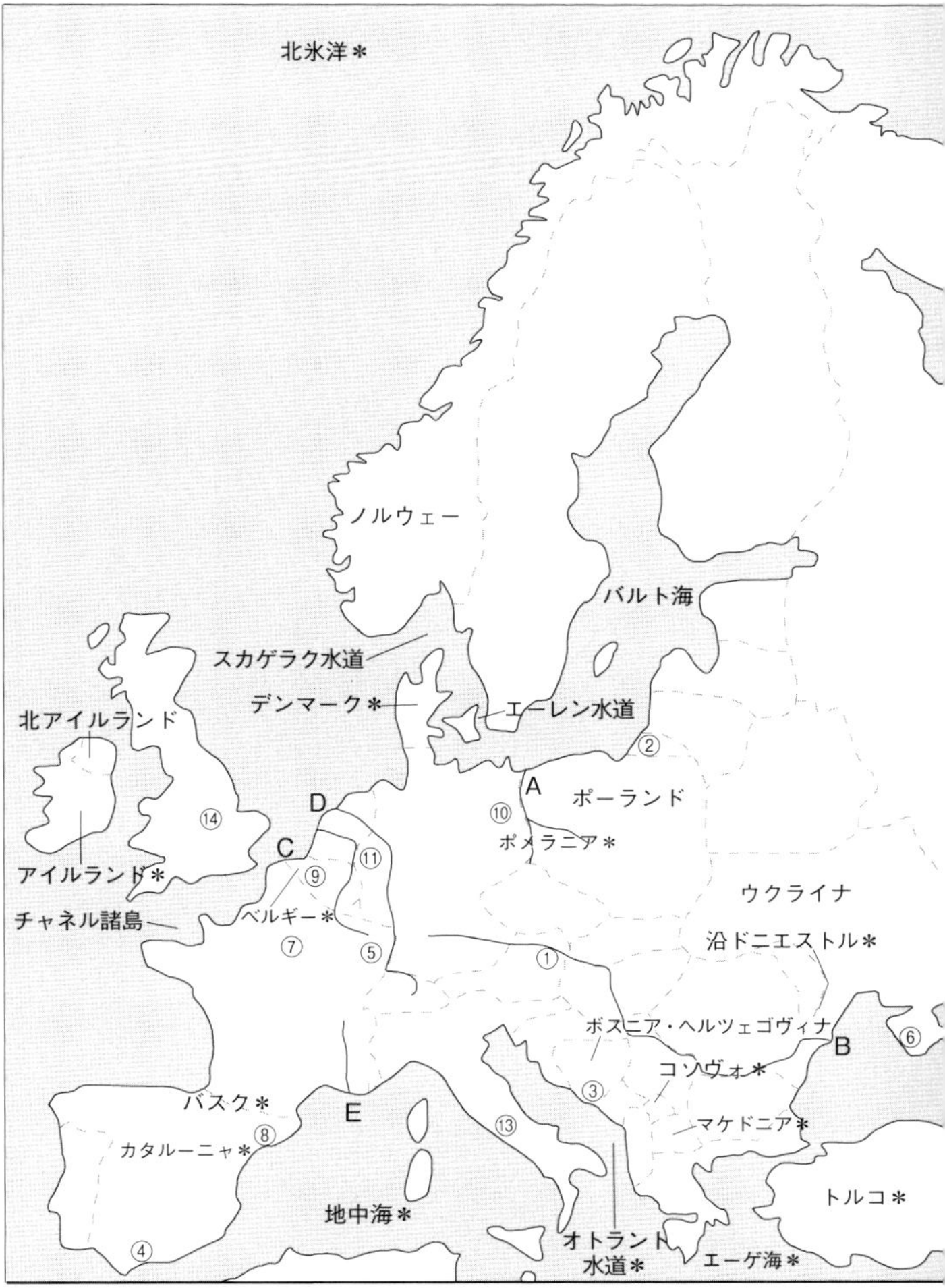

関連地図――ヨーロッパ・ロシア

A アムール川＊
B インダス川
C ウスリー川＊
D サルウィン川
E ブラフマプトラ川

ロシア
A
カザフスタン
モンゴル
C
豊渓里＊
38度線＊
中国
竹島＊
北京
カシミール＊
アムリトサル＊
チベット＊
上海＊
東シナ海
対馬海峡
パキスタン
マクマホン・ライン＊
D
尖閣諸島＊
ラオス
広東
B
E
香港
ビルマ
インド
トンキン湾
台湾海峡＊
フィリピン
黄金の三角地帯＊
南シナ海＊
ミンダナオ島＊
スリランカ
マラッカ海峡＊
マレーシア
マカッサル海峡＊
インドネシア＊
スンダ海峡＊
ロンボク海峡＊
インド洋＊
豪州

関連地図——アジア

①イスタンブル
②エルサレム＊
③ガザ
④カーブル
⑤キルクーク
⑥ダマスカス
⑦ナイロビ
⑧バクー
⑨バグダード＊
⑩バスラ
⑪メッカ＊
⑫メディナ

A ティグリス・ユーフラテス川＊
B ナイル川＊
C ヨルダン川＊

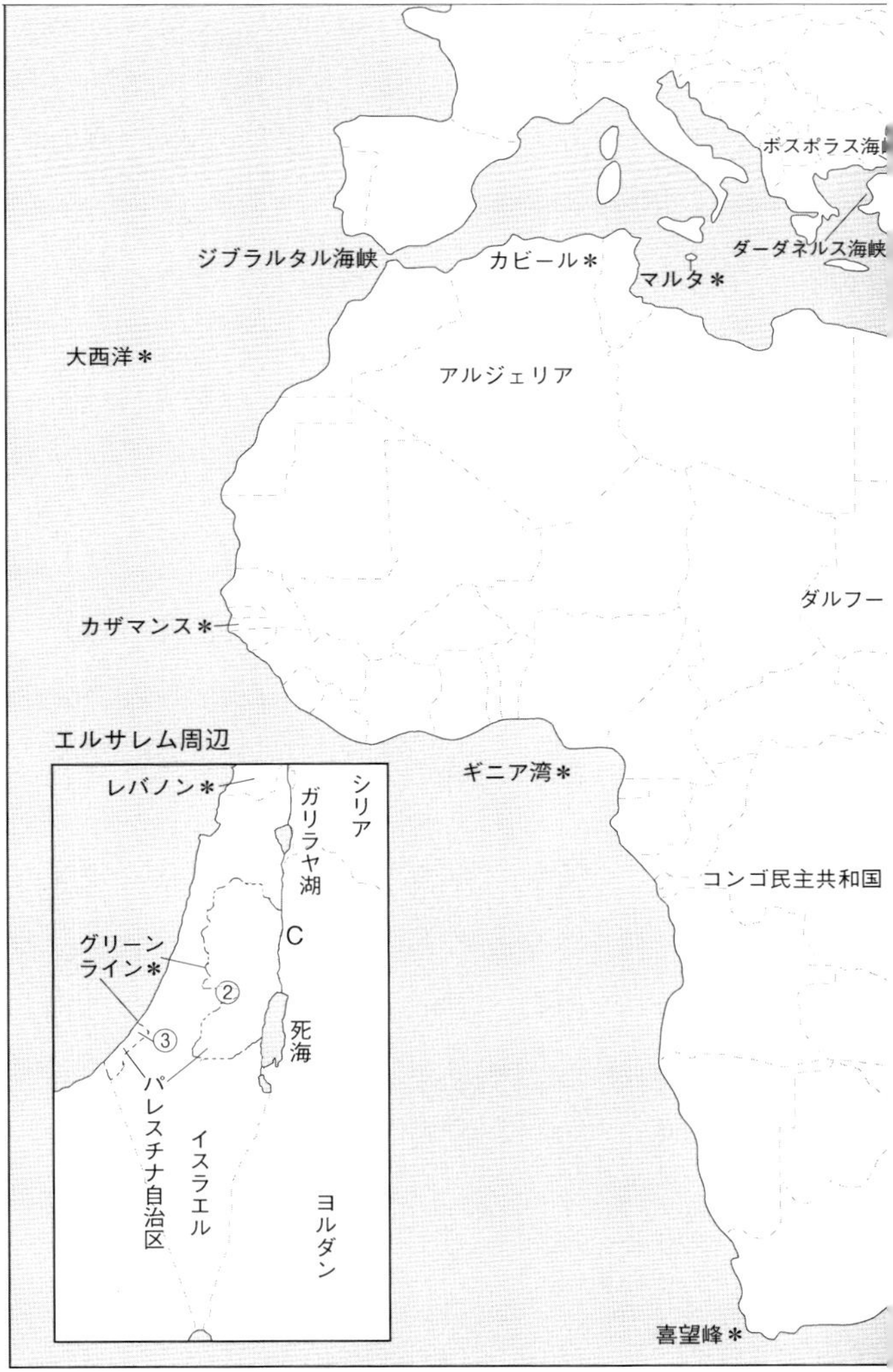

関連地図——アフリカ・中東・地中海周辺

関連地図——アメリカ

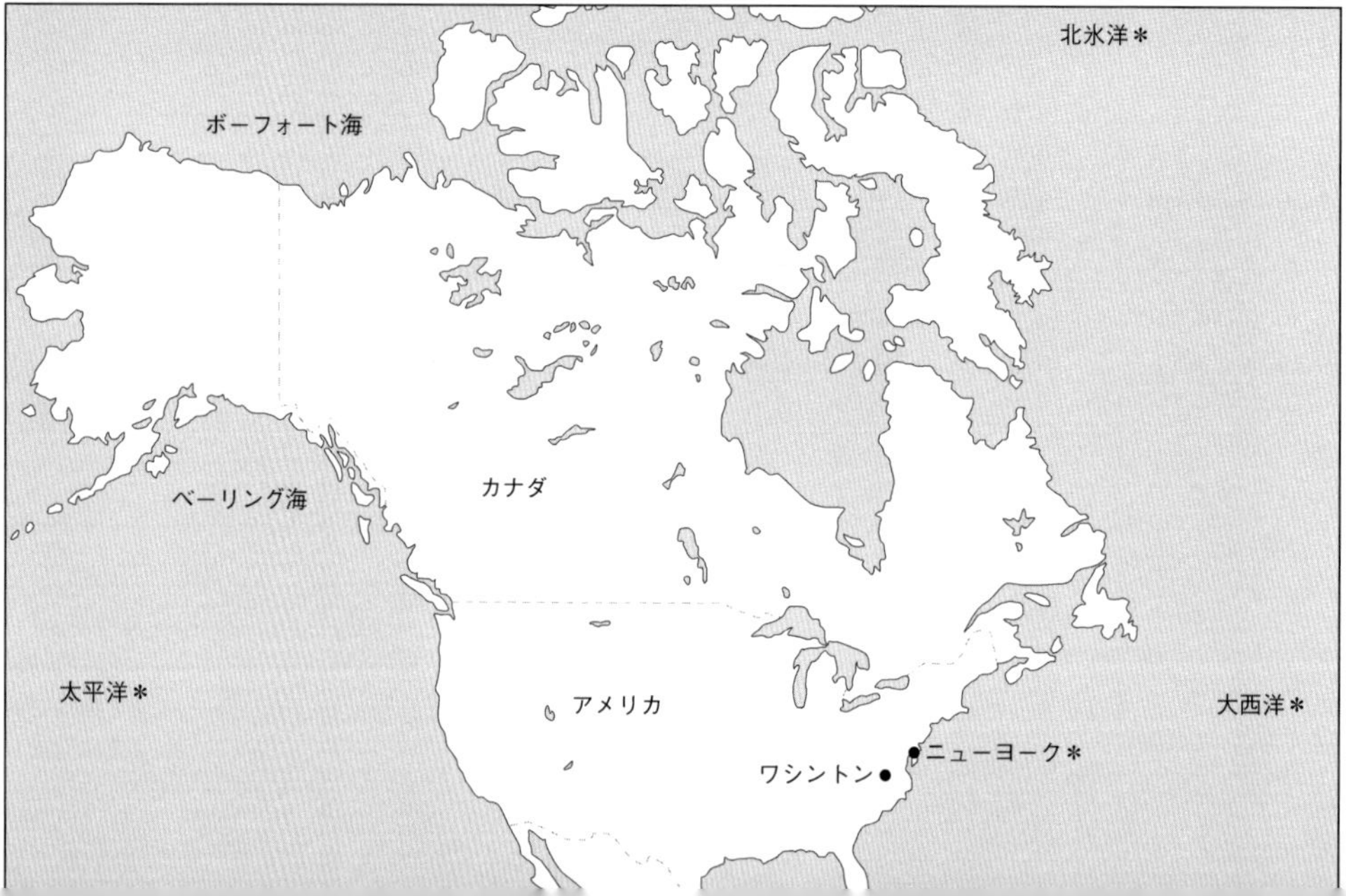
北氷洋＊
ボーフォート海
ベーリング海
カナダ
太平洋＊
アメリカ
大西洋＊
ニューヨーク＊
ワシントン

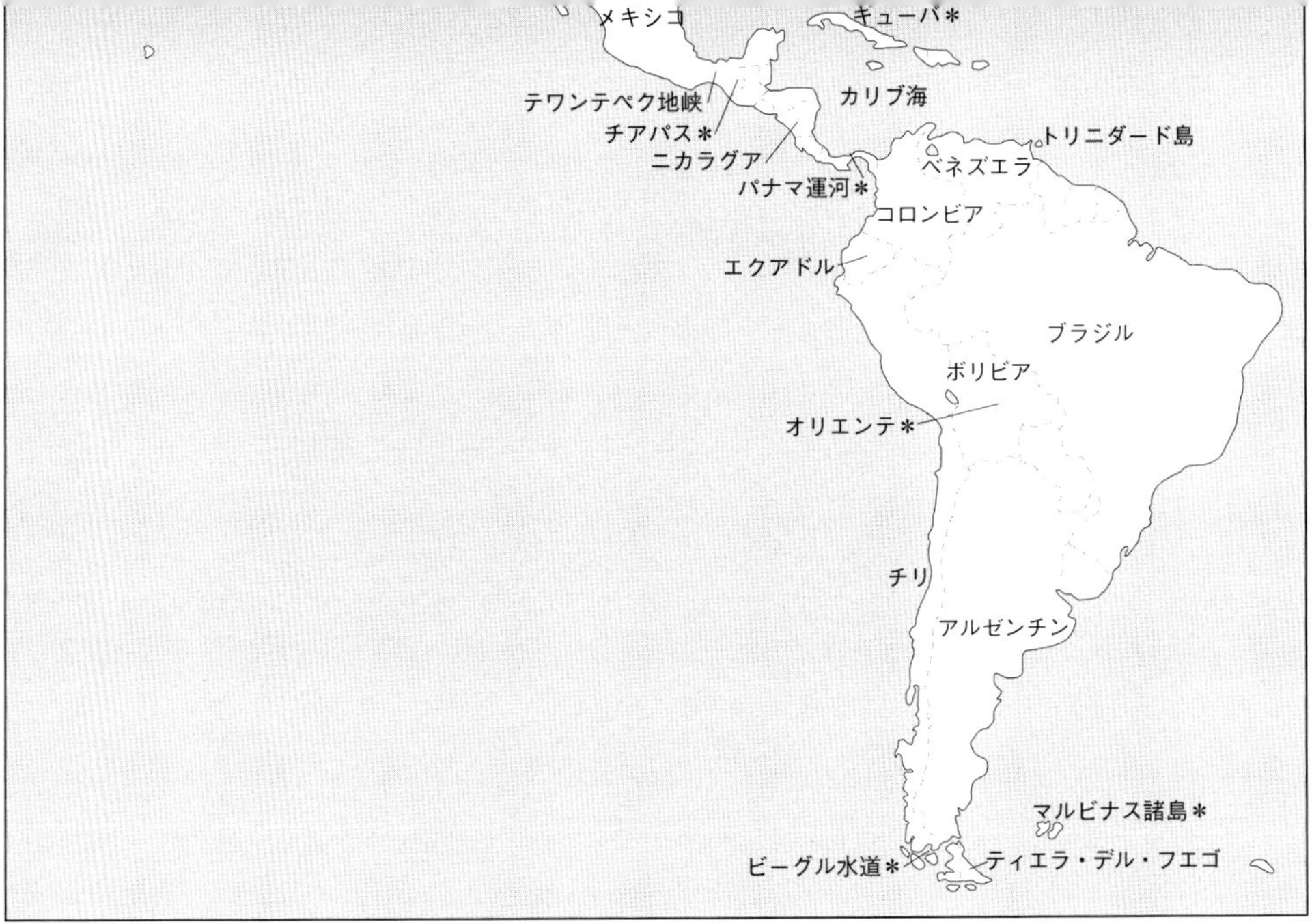
メキシコ
キューバ＊
カリブ海
テワンテペク地峡
チアパス＊
トリニダード島
ニカラグア
ベネズエラ
パナマ運河＊
コロンビア
エクアドル
ブラジル
ボリビア
オリエンテ＊
チリ
アルゼンチン
マルビナス諸島＊
ビーグル水道＊
ティエラ・デル・フエゴ

前書き——地点と単語

コレクションクセジュで刊行されたさまざまな専門分野における「一〇〇語」シリーズの中で、本書は少し毛色の違う感じがある。本書の基本には、地政学に関しては、地点を挙げることが単語を挙げることと同じぐらい雄弁だという発想がある。地政学という分野による世界の分析は、中国の医者による人間の観察に似たところがある。この専門家の目からすると、生体組織には動線、流れ、結節があり、それらの関係が生体組織の働きを説明する。地政学者も同様に、世界の引力や斥力、集中と拡散の運動、権力の集中点を探求する。

ローマ*やエルサレム*のように何千年も前からパワーを発散する地点もあれば、インド航路のように数百年前に開かれた通路、人びとの争いの種となっている辺境や通行所もある。彗星のごとく現われては沈みゆく地点も、時とともに確立される新たなパワー拠点もある。慣性、出現、偶発といった現象は、いずれも地政学的な布置に起因する、さらにいえば、そうした地政学的な布置を利用し、それに新たな意味を与えたり情動を担わせたりする人びとに起因するのである。

これが、本書で解析する地政学の語彙である。この作業は、目下の大きな係争点となっている地点を重視しつつ、多層的に行なっていく。文字から音節へ、音節から単語へと進むにつれ、現代世界の地図が描かれることになる。それは一冊の本のように雄弁なものとなるだろう。

パスカル・ゴーション
ジャン=マルク・ユイスー

第一章　パワーを発散する地点

世界的大都市

大都市には政治的・経済的・文化的・宗教的・象徴的な権力が集中し、世界の編成の起点をなしている。多くの大都市は数千年前に出現したが、十九世紀になってから地位を確立した大都市もある（ニューヨーク*、上海*）。いずれの大都市についても、それらがパワーを放ち続けてきたという事実は印象的だ。権力は慣性の論理に従って、同じ場所にとどまることを好む。そうした場所は、世界の他の場所と役割関係を結び、堂々たる威信を備えた枠組みを形づくっている。

1　ニューヨーク——アメリカン・ドリーム？

米国最大の都市。一六一四年にオランダ人により建設。人口八〇〇万（都市圏としては二一〇〇万）。

ワシントンが米国の連邦首都として、その生々しいパワーの座となっているのに対し、世界に向けて米国を最もよく物語り、米国の影響力を体現するのがニューヨークである。

ニューヨークは米国のインターフェースである。孤立主義的な時代でさえ、ニューヨークは開かれた門戸であり続けた。自由の女神の像はこの門戸の先にある世界の約束であり、エリス島は（かつて移民の入国待機所として）、アメリカン・ドリームに向けて最初に通過しなければならない試練だった。

国際的に重要な港湾と空港を備えたニューヨークは、大西洋*に架かる橋であり、国内線の主要なハブでもある。また、デジタル・ネットワークの中核地として、思想や資金や権力のネットワークの中核をなす。

国連総会の場であることも、ニューヨークが世界との連結点となっている理由である。この特別な地位は、戦後の米国の意欲が生み出したものであり、米国が体現しようとする普遍的価値観の象徴として、国際都市ニューヨークの評価を盤石にした。

要するにニューヨークは米国の都市であるという以上に、世界都市でもある。このことは、世界中の大企業の進出や、コスモポリタンな雰囲気、そして米国の他の地域からは異様に見えるほど独特な文化に見て取れる。

ニューヨークはまた、世界に向けて米国のパワーを物語る都市でもある。いずれ地位が揺らぐこともありうるが、世界の経済・金融の首都である。ニューヨーク証券取引所とナスダックは（二〇〇六年の時点で世界の株式総額の半数が集中）、他の金融市場に好感あるいは時には嫌気を呼び起こす値動きの発信源となっている。いくつかの世界的な大手通信社や金融分析機関、政治分析機関が本社を構えていることで、そうした作用がさらに増幅される。ニューヨークは世界情勢の明暗、スピード、時にはドグマをも左右している。しかし、この役割は現在では批判を受けている。ニューヨークが米国の投影であり、マンハッタンの摩天楼がいわば米国の支配を具現した傲慢なメッセージを放っているという理由から、この都市は米国の支配に異議を唱える人びとの標的とされ、二〇〇一年九月十一日には悲劇の都市と化した。その後、金融大手五社のうち四社が凋落したことにより、ニューヨークは破綻したモデル、無責任な金融業界、ある種の図々しさの象徴となった。

それゆえ、この都市は米国の脆さの具現でもある。問題が絶えず、中産階級は郊外住宅地に流出し、巨額の赤字を抱え（一九七五年に財政が破綻）、治安は悪く、産業は空洞化した。過去のさまざまな市長の努力の甲斐あって多少は立て直されたとはいえ、赤字は累積している。不平等や、一部のインフラの劣化も問題である。ニューヨークは世界に向けて、米国モデルの裂け目を喚起する都市でもある。

2　ブリュッセル――渦中の首都

ベルギー*の首都。EU諸機関の本部が置かれている。九七九年に建設。人口一一〇万。

ブリュッセルがEU諸機関の首都に選ばれたのは、EUの制度という点からも、地理的な位置という点からも、象徴的な意味という点からも、このうえなく理に適っている。

EUの制度という点では、一九四八年にベネルクス（ベルギー、オランダ、ルクセンブルク）三国間で結ばれた関税同盟の事務局がもともとあった。さらにNATOの本部がブリュッセルに置かれたことで、ヨーロッパ*はさしあたり防衛問題に悩まされることなく、経済協力に邁進できた。

地理的には、ボン、ハーグ、パリ*、ルクセンブルクからなるネットワークの中央部にあり、ロンドン*にも近いという理想的な位置にある。

象徴的な意味という点では、ブリュッセルにはいくつもの利点がある。ベルギーは中立国であり、世界大戦で二度にわたって侵略を受けた。端的にいえば、仏独対立の人質にされていた国だ。

ブリュッセルはラテン系ヨーロッパ（ワロニー地域）とゲルマン系ヨーロッパ（フランデレン地域）の境界をなす都市でもある。もう一つのEUの一大首都であるストラスブールも同様の特徴をもつ。

皮肉なことにブリュッセルはこんにち、ベルギーの首都という当初の役割ゆえに難局にある。住民の過半数がフランス語系であるのに対し、周辺はオランダ語系という環境にあり、両者の確執の焦点となったからだ。ブリュッセル首都圏の範囲内に限って二言語併用を義務付けるとの妥協が成立したが、問題は解決するどころか紛糾した。一部のブリュッセル市民は、国際都市の地位を得ることで、このジレンマから抜け出したいと考え始めている。

EUにおいてブリュッセルの最大の問題は、二七か国となったヨーロッパの中央部から外れている点にある。ヨーロッパの重心はより東方、より南方に移動したからだ。

こんにち、欧州共通防衛の問題が提起されていることからすると、NATO本部の存在という点が重みを増していくかもしれない。

3　ロンドン——英国の二面

英国の政治的・経済的首都。紀元前一世紀に建設。英国の東南部、テームズ川沿いに位置する。人口は市域内で七五〇万、都市圏としては一二〇〇万。

古代から交易の集散地だったロンドンは、世界の他の地域とつねに両義的な関係を保ってきた。史上最大の植民地・商業帝国の首都であり、圧倒的な海洋強国として大西洋*の覇者、つまり世界貿易の覇者となったロンドンは、ヨーロッパ大陸に対して長い間、交流を保ちつつも見くだす姿勢をとっていた。

帝国の名残りである英連邦の本部が置かれ、ヨーロッパ*を出発して大西洋を横断する海や空の便の最大のハブでもある。国際都市であるがゆえ、世界有数のコスモポリタン都市となった。文化活動の面でも中核をなし、パリ*と張り合う。

目下のロンドンのパワーと弱さの一部は、こうした過去の遺産に由来する。世界初の株式市場としてニューヨーク市場と主導権を競い合い、保険分野でも世界的な拠点となっている。サービス産業を中心としたロンドンの経済は、二〇〇八年の金融危機の直撃を受けた。

歴史的な英米関係の当然の帰結として、ニューヨーク*とは恒常的な関係を保ち、大西洋関係のヨーロッパ側の橋頭堡となっている。とはいえ、三つの変化によって、米国志向も変わりつつある。第一に、米国の単独行動主義のせいで、補佐役を押し付けられるのは納得できないこと。第二に、貿易の世界的中心地が東アジア*に移り、大西洋が徐々に周縁化していること（ただし強固な対アジア関係が多少の助けにはなっている)。第三に、ＥＵのパワーが高まり、難局にあっても通貨の安定を保つユーロ圏が魅力的になっていることだ。

ロンドンがヨーロッパに照準を戻そうとする兆候は増えている。大陸諸国の首都と姉妹都市協定を交わし、ドーヴァー海峡トンネルとユーロスター号によって物理的に大陸と結び付いた。仏英枢軸を標榜するフランスと定期的に首脳級会談をもち、ＥＵ機関では勢力外交を強化している。

とはいえ、ロンドンが平凡なヨーロッパの首都になることはありえないだろう。英国がかつての帝国圏との関係を保ち、世界的な規模の経済と独特の性格を備えていることが、ロンドンのイメージと重なって、この都市は紛れもない国際都市となっているからである。

4 パリ――ソフトパワーの首都

フランスの首都。紀元前六〇〇年頃パリシイ族により建設。人口二〇〇万(都市圏としては九〇〇万)。

大国の首都の中で、パリはその歴史により、またフランスが世界で担おうとする役割を積極的に代弁しようという意欲により、独特の地位をもつ。

フランスはパリを拠点に、世界最大の外交態勢をとっている。これほど多くの外交代表団を迎え入れている国もなければ、これほど多くの在外公館を置いている国もない。さまざまなネットワーク(とりわけフランス語圏諸国)の中心となっていることが、パリの重要性を高めている。

いうまでもなく、パリはヨーロッパ*の首都の一つであり、二大創設国の一方として最初はボン、次いでベルリン*とともにEUを支えてきた。このことはパリが主要首都間の連絡ハブとなっていることにも表われている。ロンドン*とはユーロスター号、ブリュッセル*とはタリス号、ストラスブールとはTGV東部線で結ばれ、近い将来にマドリード、ベルリン、プラハ、トリノとも直結するようになる。パリは第一に、中核的な連絡地点だといえる。シャルル・ドゴール空港の利用者数は、米国を除く世界の空港の中で最多である（二〇〇六年時点で五三〇〇万人、日に一四三二本が発着）。

パリはさらに、世界的な観光地であり、文化と知的活動の有数の中心地でもある。こうした点が金融や経済における役割にもまして、パリを国際的に影響力のある都市にしている。ユネスコ本部が置かれている点も「道徳の拠点」というイメージに一役かっており、パリは米国とは違った国際政治の中軸となっている。

とはいえ、パリのこうした地位には微妙なところもある。NATOとの接近、ヨーロッパの重心の移動、ブリュッセルの地位確立、フランスの外交政策とりわけ対アフリカ外交への疑義などの要因に加え、世界的に紛争が多発し、妥協政策の余地が狭まっていることが、パリの重要性の低下につながっている。

パリの文化的影響力が絶頂に達したのは十九世紀末のことだ。「光の都市」と呼ばれたパリは、メキシコのポルフィリオ・ディアス大統領によって改造のモデルとされ、シカゴ派の建築家からは絶対的基準のように見なされた。ややのちには米国の芸術家たちがやって来て、モンパルナス地区に住み着いた。こんにちのパリは、より近代的で若く、魅力的なロンドンに追い抜かれたといえそうだ（多国籍企業の本社の数はロンドンの半数)。このため、眠れる美女というイメージの若返りを図って、ミッテラン大統領の「大工事」や、ドラノエ市長の活性化政策、高層ビル建築計画などが推進されてきた。しかし、そのせいで独自性を失って、アングロ・サクソン的な都市モデルを模倣するだけになってしまうかもしれない。

5 ベルリン——力強い復活?

一九九〇年以降のドイツの首都。町の名は一二四四年に出現。人口五〇〇万。

ドイツ政府が一九九〇年にその歴史的首都に戻ったことは、ある意味でウィーン*と同様、歴史上の例外期が閉じられたことを示している。そこには、半世紀近くにわたって途切れていた地理的・歴史的な関係の再構築を目指す意欲が表われているといえる。

戦後に連邦首都となったボンは、ライン川沿い*にあり、スケールも小さく、さほど由緒のある町でもなかったが、当時のドイツ外交にとって有利な位置にあった。この時期、ベルリンは分断され、脅威(一九四八年から四九年にかけての封鎖)のもとにあり、西側諸国の支援にかろうじて支えられていた。かつてのプロイセンの拡張主義の象徴たるベルリンは、ドイツが制裁を科され、以後はパワーを放棄させられた状況を体現していた。

東西ドイツ再統一後の首都としてのベルリンの復活は、ある種の変化の反映である。再統一された都市を再統一された国の首都にすることは、いうまでもなく強い意味を帯びるが、ベルリンの意義はそれだけではない。ベルリンは、強力で独立した統一ドイツの歴史的な首都である。ベルリンに回帰したドイツは、半人前状態という歴史上の例外期を閉じることになる。ドイツは徐々に、パワーを否認していた冷戦時代の姿勢から、それを再び確立しようとする姿勢に移行しつつある。当然ながら、かつての帝国主義の方法は採らない。

ドイツにとってベルリンは、自国の影響力の中心地が移動したことの表われであり、外国との同盟関係の比重が変化したことの表われでもあるかもしれない。ドイツはライン川の国から中欧の国へと回帰した。それはEUの東方拡大とも同調した動きである。ベルリンはかつてのヨーロッパ*にもまして新たなヨーロッパの一角をなす。

ベルリンは、そしてドイツ全体は、歴史の手綱を取り戻し、地理上の地位を回復した。

6　ウィーン――中心と周縁の狭間で

オーストリアの首都。紀元前六世紀に建設。人口一七〇万。

自由世界とソ連世界の分割線に近接する位置にあり、戦後すぐの時期にはベルリン*のような運命をたどる可能性もあった。当初はやはり四つの占領区に分割されたが、フルシチョフはオーストリアの中立を条件とした再統合を受け入れた。以後ウィーンは、なかば非公式な形で、東西両陣営の情報交換や人脈の一大中心地となり、戦後世界のスパイの巣窟となった。

国連の三つ目の拠点となり、東西両陣営の指導層にとって枢要な機関であるIAEA〔国際原子力機関）の本部が一九五七年に置かれたのも、ウィーンの外交的伝統（一八一五年のウィーン会議）、中立性、両陣営の交点という位置によるといえる。エネルギー分野の経験が蓄積された結果、OPECの本部にも選ばれ、現代世界の二大戦略分野の決定中枢となった。こうしたなりゆきにより、ウィーンは徐々に、ハプスブルク帝国崩壊によって失われた国際的な地位を取り戻した。

二〇〇四年に東欧諸国がEUに統合されると、一九九五年に加盟したばかりのウィーンは、新たな局面を迎えることになる。西欧とドナウ川沿い欧州の交点という位置は、かつてのハプスブルク帝国を喚起せずにはおかない。ウィーンは他方、バルカン*や中東からEUに向かう移民が最初に目指す入り口でもある。

自由世界の周縁にあったウィーンは、こうして欧州ネットワーク中央部の中心的都市になった。そこには、かつての栄光の時代と同様、ゲルマン世界と東欧との関係が体現されている。ウィーンを中心として地理的・政治的な一体性をもった政治空間が再構築され、オーストリアが南東欧のリーダーとして、EU内で新たな勢力圏を築こうとするようになるのだろうか。ウィーンは、よもやベルリンと競合する別個の東方政策の拠点となるのだろうか。

ウィーンはよく生ける美術館だといわれる。それは、二つの地理的空間をつなぐ現世の架け橋でもある。

7 ローマ――地中海性という宿命？

一八七一年以降のイタリアの首都。紀元前七五三年に建設（と伝えられる）。人口二七〇万。

ヨーロッパが*（不完全ながら）長期的に統一された時代は、史上一度しかない。その首都がローマである。欧州列強がその再建を図った時、なかでも神聖ローマ帝国を築いた時に、正統性のあかしにしようとしたのがローマだった。ローマは欧州の集合的無意識の中で、平和と法の黄金時代を体現している。カトリックの首座という役割も、そうした過去の直接的な遺産である。一九五七年に現EUの創設条約（欧州共同体と欧州原子力共同体の創設条約）の調印地とされたことは偶然ではなく、一九九八年の国際刑事裁判所の設立条約や、二〇〇四年の欧州憲法条約の調印地にもなった。

歴史と文化の町であり、活発な経済拠点でありながら、EU内では周縁的な位置にある。ローマはその地理的位置と政治的志向性ゆえに、ヨーロッパ創設の中心となったライン川地域*から隔たった地中海*の方向に、絶えず引き寄せられてきた歴史をもつ。ローマの共和国と帝国は、このマーレ・ノストルム〔われわれの海〕の制海権を基盤とした。イタリア統一の完成は、大陸ヨーロッパ的なピエモンテ〔サルディーニャ〕ではなく、ローマを中心とした半島国家を構想したことによる。ファシスト政権は、バルカン*と北アフリカの征服を通じて、地中海の支配を回復しようとした。

欧州ネットワークへの統合を深めているミラノやトリノに対し、イタリアの中心部にあることがローマの強みだ。こんにちのイタリアには、南部の郷愁と北部のパワーとの相克によって、政治的緊張が生まれている。ロンバルディアを拠点とした北部同盟の分離主義的な主張が、国政に進出しているような状況だ。

近年の国際政治情勢の変化の波に乗って、ローマが第一線に舞い戻る可能性もある。地中海連合の構想は、世界第七位（購買力平価ベースで第九位）の経済大国たるイタリアなしでは成り立たないからだ。

8　サラエヴォ——戦争の永劫回帰

ボスニアの首都。一四六一年にトルコ人が建設。人口七〇万。


サラエヴォは、ヨーロッパ*の悪夢と不信を体現する運命にあるのだろうか。第一次世界大戦はこの町から始まった。セルビア圏とボスニアというイスラム圏の交点にあることから、一九九一年〜九五年のユーゴスラヴィア紛争の象徴ともなった。サラエヴォには、歴史の反復を前にしたヨーロッパ人の苦悩が具現されている。

EUとNATOは、第二次世界大戦後の旧大陸に平和を確立したと自負していた。ソ連の脅威は斥けられ、平和的共存が長く続くように思われた。一九八四年に、サラエヴォは平和の最たる象徴であるオリンピックの開催地となった。一九八九年には最後の脅威も消滅し、世界は平和へと向かっていた。その筆頭がヨーロッパだった。

この希望をしぼませ、ヨーロッパを戦争に回帰させたのがサラエヴォ、そしてボスニア内戦である。国際社会が、セルビア人をはじめとするボスニアの構成民族と協議することのないまま、ボスニアの独立をいささか拙速に承認したことで、紛争は激化した。共産主義体制下では、問題は未解決のまま凍結されていたため、古くからの敵愾心の激しい再燃は、諸国の驚きと憤慨を掻き立てた。五年にわたってセルビア軍に攻囲されたサラエヴォは、悲劇の都市という象徴性を帯びるようになったが、実際には、そこでもまた「民族浄化」が推進されていた。サラエヴォを逃れたセルビア人は山岳地帯に逃れた。セルビア人の支配する山岳地帯からは、イスラム教徒が追い立てられた。デイトン合意は、部分的・暫定的ながらボスニアを分離した。それは、断固として別々の道を行こうとするナショナリズムの勝利を追認するものだった。

東方に急速に拡大したヨーロッパは、バルカン*の付近でためらっている。ジャン・モネ〔EUの父の一人〕にとって、ヨーロッパ建設の最大の敵対者はナショナリズムだった。それを突き付けているのがバルカンである。

9　上海——陸と海

中国沿岸部の主要都市。紀元前六世紀に建設。人口一八〇〇万。中国沿海部の中央部、長江河口近くの大河である黄浦江沿いに位置する。

文化の町という以上に商工業の町であり、国内と外界のインターフェースをなし、沿岸部と内陸部の取引を支配する。門戸開放と外国支配の時代に国際貿易の一大拠点となり、外国分子による「腐敗」や、野放図で機会主義的な資本主義、富をひけらかす有産階級といった理由から、過去に何度も政府に冷や飯を食わされた。一八四二年に租界が設けられて以後、活発な経済が発展し（一九一〇年には輸出の半分を占めていた）、この国の資本主義が登場し、近代化が進んで「東洋のパリ」と呼ばれる町となった。バンド（黄浦江の岸辺）には列柱式のファサードとペディメントを備えた本社ビルが建ち並び、南京路には高級店が軒を並べ、電灯が輝き、路面電車が走る町……。近代中国へと向かう動きはすべて、当時の上海に発している。一九一一年の革命〔辛亥革命〕と共和国樹立の資金源は上海資本である。中国共産党の結成地も上海である。上海はまた、今と同じように故郷を離れた農民が流れ込む町であり、大量の中国人が旧市街と浦東地区で悲惨な生活を送っていた。上海は、前資本主義の象徴として、一九四九年以降「制裁」の対象となり、長らく放置された。資本主義という敵におのずと目を向ける沿海部は、内陸部を重視する共産党体制から顧みられなかった。初期の経済改革の実験地となったのは広東である。鄧小平は、文革期に左派勢力に支配された上海に対して警戒心を抱いていた。

江沢民体制が確立され、上海が中国経済の一大拠点となったのは、一九八〇年代以降のことである。二〇〇六年には上海だけで国内工業生産の二〇パーセントを占めるようになった。多数の外国企業が進出し、都市整備が相次ぎ（バンドに面した浦東地区の超近代的な街並み、米国の都市のような高架式高速道路の錯綜、計画中の大水深港など）、金融分野の発展も目指している（一九九〇年に証券取引所を開設）。上海は直轄市であり、省と同等の権限をもつ。

こうして上海は、東アジア*の編成の中心となることを目指すようになったが、はるかに洗練された金融インフラを備えた広東・香港というライバルが国内にもいる。政治的首都の北京とも古来しのぎを削っている。それは、マリ＝クレール・ベルジェール（『マンダリンと買弁』、パリ、アシェット、一九九八年）が描いたように、陸と海の争いである。

10 エルサレム——複層化された都市

イスラエルの首都（国際的には未承認）。紀元前一七〇〇年頃に建設。人口およそ七〇万。

エルサレムの地図を見る者は、平面図だけ見ても垂直方向の重要性を読み取れない点にかけては、この都市が世界随一であることを念頭に置かなければならない。都市整備と人口の問題が、エルサレムでは強い象徴性をもった争点として、具体的には居住形態や建築物の形で表われているからだ。

エルサレムはまた、三つの宗教の論争点でもある。それは宗教、象徴、政治といったさまざまなレベルに表われる。境界のはっきりしない垂直性、堆積性、複層性といった要素が、この問題についても認められる。

ユダヤ都市としてのエルサレムを見ると、こうした複雑な側面がよくわかる。ヘブライ国家の法律上の首都たるエルサレムは、イスラエルにとって二重の意味でへそをなす。第一に、宗教のへそである。ソロモン神殿は、世界に内在する神と選ばれた民との関係が結ばれた場所だからだ。第二に、政治のへそであり、象徴のへそである。エルサレムは古代ユダ王国の都として、当初からシオニズム運動の目標となった。フレデリック・アンセルによれば、聖書の中のイスラエルのうち、近代に再建されたイスラエルと完全に重なるのはエルサレムだけであり、そのことが近代イスラエルの歴史的継続性の根拠とされている。

パレスチナ都市としてのエルサレムにも、同様の「積み重なり」が見られる。十字軍が神聖視したエルサレムは、それゆえにアラブ人からも神聖視された。冒瀆されたイスラムの地という位置付けで、不信心な外国勢力に対する輝かしい抵抗の象徴となり、このように「応答的」な形で付与された政治的意義をもってイスラムの聖地として喧伝されていく。とはいえ歴史上、エルサレムがアラブの重要な政治中枢となったことはない。ただし、もしパレスチナ国家が成立すれば、東エルサレムを首都にするのが当然だと考えられている。それゆえパレスチナ人もまた、歴史的継続性の根拠を探している。

キリスト教徒にとってエルサレムは、キリストの受難の地であり、理想の町と仰がれている。しかし、キリスト教徒（約八〇〇〇人が居住）はもはや、エルサレムの将来を左右する立場にはなさそうだ。巡礼者の聖地訪問があることで、エルサレムのキリスト教徒が一種のオーラを付与されていること、ローマ教皇庁がエルサレムの行く末に多少の影響力をもっていることは事実である。しかし、エルサレムのキリスト教徒は教義によってシリア正教会、コプト正教会、ギリシア正教会、アルメニア正教会、カトリック教会などに分かれ、神殿の管理をめぐって対立しており、人口も減少傾向にある。

エルサレムで居住形態が争点となっているのは、以上のような要因による。周辺には帯状に入植地が広がり、ガリラヤやユダとの間に何本もの道路が設けられ、高地はイスラエルの施設に占拠され、パレスチナ人集住地は分断を図られる。アラブの夢を前に、「イスラエル版エルサレム」が日々強化されているように見える。

11 メッカ――サウジアラビアのパワーと危うさ

イスラム最大の聖地。ヒジャーズに位置する。ハッジの巡礼の中心。人口一二〇万に対し、年間の巡礼者が六〇〇万。

いずれの宗派でもメディナと並ぶ共通の聖地と仰がれ、イスラムの一体感を作り出すうえで重要な役割を果たしている。

サウジアラビアが第一次世界大戦後に、聖地の守護者という特権的な地位を得た背景には、イスラムの原点に近いと称するワッハーブ派の伝統が関わっている。サウジには、イスラム圏の主導権を握るためのカードが揃っている。イスラムそのものの原点にさかのぼる場所と宗派と文化である。例年、巡礼月（ヒジュラ暦で十二番目の月）の八日から十三日に行なわれるハッジの巡礼には、公式発表によれば二〇〇万人のイスラム教徒が参集する（国別の割当がある）。なかでも外国からの巡礼者の比率が増えている（二〇〇七年には六パーセント増）。

とはいえ、こうした宗教的権力は、得になる面ばかりではない。サウード王家はこんにち、三つの面で難しい立場にある。

第一は、イスラム教の世界的な布教を促進する役割を負っていることだ。サウジ王国は、イスラム的な慈善事業や、モスクの建設、社会的な援助、宗教者の養成といった多大な資金の動きを主導している。しかし、厳格でアラブ色やベドウィン色の強いワッハーブ派の教義が、各地で歓迎されているわけではない。

第二は、サウジが（石油資源のためだとしても）近隣諸国のそねみから自国を守るために米国との関係維持を必要としていることだ。その結果、イスラム圏の一部は、宗主国・抑圧者たる米国への敵意を募らせている。

第三の面は、そうした背景のもとで、サウジのエリート層の道義性が問題視され、欧米的価値観によって堕落していると非難されていることだ。サウジはその結果、イスラムの最も純粋な基準点として仰がれる一方で、最も批判を受けもするという矛盾を抱えている。実際問題としては、一方では、自国領内の欧米の部隊や権益と折り合いを付け、他方では、それらの存在に猛反発するジハディスト運動の伸長とも折り合いを付けなければならない。

こうした矛盾のあおりを受けて、過去にハッジが、テロリストの標的とされたことがある。一九七九年（死者三〇〇人）、一九八五年、一九八九年、二〇〇七年のことだ。またハッジは、イランの勢力誇示にも利用されてきた。サウジは対策として、治安政策の強化に努めている（が、過激派の拘束は売国行為のように受け止められている）。と同時に、米国と距離を置くことにも努めている（米国はもはやサウジを信頼できる同盟国とは見なしていないようだ）。

サウジの政権は、こうした矛盾をいつまでも抱えたままではいられないだろう。

12 バグダード――千夜一夜の喪

イラクの首都。テヘランに次ぐ中東第二の都市。推定紀元前八世紀に建設。人口七〇〇万。

バグダードはイラクを一身に体現する都市である。アラブが偉大な帝国を築いていた時代、アッバース朝の都バグダードは、世界で人口が（コンスタンティノープルと並んで）最大であり、八三二年に建てられた知恵の館を擁する知識と学問の中心地の一つでもあった。

南北の要路と東西の要路が交わるイラクの結節点をなし、近代イラクでも当然のように首都とされ、一九六八年のクーデタ後は、サッダーム・フセイン率いるバアス党のナショナリストたちの象徴となった。勝利の栄光に輝き、社会主義を奉じ、多宗派が共存し、近代的で、力強いアラブの再生の具現が、独立イラクのバグダードだった。バグダードはフセインの慢心を象徴する町でもあった。彼の敗北後、占領米軍への抵抗が、とくにここでは強力だった。

バグダードはイラクの中核をなし、まるで共生関係にでもあるかのように、奇妙なほどイラクと運命をともにしてきた。イラク（およびシリア＝パレスチナ地域）は中東の「柔らかい下腹」であり、エジプトとトルコ*、ペルシアとアラブのパワーが何世紀にもわたって激突してきた地域である。バグダードはそのイラクの「柔らかい下腹」であり、北部のクルド人、東部のシーア派、西部のスンナ派の接点にあることから、政治的な勢力争いの場となってきた。フセインは少数派のスンナ派に有利な現状維持を強制したが、フセイン政権の崩壊によって競合が再燃した。そこで争われているのは、将来のイラクのアイデンティティである。

それゆえ、こんにちの混乱状態のイラクの中で、暴力がとくにバグダードで激化していることに不思議はない。この町は満身創痍となり、住民は互いにほとんど交流のない宗派別の地区に籠もっている。

13 アムリトサル――戦士たちの和平？

パンジャーブ（インド西北部）の都市。十六世紀に建設。人口およそ三五〇万。

ヒンドゥー教とイスラム教の要素の組み合わさったシーク教の総本山であるアムリトサルは、植民地独立運動の大きな舞台となった（一九一九年のアムリトサルの虐殺）。インド独立後、シーク教徒は戦士の本領を発揮する（国軍の士官が多数輩出）とともに、経済の才覚も発揮したため、パンジャーブは緑の革命を推進した最初の州となった。この躍進によって他の地域から移住者が押し寄せたことで、緊張が高まり、分離独立の主張が勢いを増すようになった。中央政府はこれを抑え付けるために、叛徒が占拠していた寺院に攻撃をかけ、新たな虐殺を引き起こした。その報復が一九八四年、シーク教徒の護衛兵によるインディラ・ガンディーの暗殺である。

その後は緊張は和らいでいる。二〇〇三年に好転が見られたインド・パキスタン関係にとって、一九四七年〔の独立時〕に両国の間で分割されたパンジャーブは、格好の架け橋となるものだ。アムリトサルとラホールを結ぶワガーの道路の再開を契機に、極めてインド的な楽観視が生まれている。

第二章　パワーが織り成される空間

地政学上の大集合体

世界は一方では統合が進み、他方では亀裂が広がっている。こうした地政学上の呼吸運動は十六世紀にさかのぼる。ヨーロッパ*は北方、東方、南方からの大きな移住に見舞われた結果、世界を発見するとともに、世界に挑みかかるようになった。この衝撃に直面した他の民族は、唯一有効な対応策へと徐々に収束していった。日本語でいうワコンヨウサイ、欧米の学に日本の魂である。世界各地の文明は、近代化を進めつつ、みずからの文化と宗教の土壌に潜んだルーツを再発見していった。

こうして世界に地政学的な亀裂が走り、いくつかの集合体が分離されるようになる。それぞれが地政学上は連続し、文化的にはまとまりがあり、経済的には次第に統合が進み、社会や民族の面では相対的に均質である。海洋によって、内部の編成と対外関係の発展が可能となり、極地や成層圏、サイバースペース*といった新たな空間が、さらに野望を掻き立てる。

はるか昔の遺産を引き継いだ諸文明に起こった地殻変動は、ヨーロッパでは五世紀前から活発化した。地政学の運動の展開には長い時間がかかるものであり、ヨーロッパの世界侵略への反動もまた、長期に及ぶことになるだろう。

14　ヨーロッパ——母なる文明

大西洋からロシア圏の境界までを指す。[1] 陸地の三パーセント（四五〇万平方キロメートル）、世界の人口の八パーセント、GDPの二三・二パーセント（うちEUが一九・五パーセント）、輸出の一九パーセントを占める。[2]

（1）ＥＵ二七か国に加え、ＥＦＴＡ（ノルウェー、スイス、アイスランド等）、旧ユーゴスラヴィア諸国、およびアルバニアを含む。
（2）ここで取り上げる大陸のすべてに関し、数字は二〇〇八年のものである。またＧＤＰは購買力平価ベースで算定している。輸出についてはＥＵ諸国間貿易を別として、域内貿易も含めてある。二〇〇八年は、原料資源の価格が上昇したため、その生産国・輸出国の比重が高くなっている。

世界最小の大陸であるヨーロッパは、人口密度が最大で（一平方キロメートルあたり一〇五人）、富裕度も最大だが、米国に比肩できるほどのパワーではない。現在のヨーロッパのあり方、そして目指されている将来のヨーロッパのあり方が、そうなることを許さないからだ。

現実のヨーロッパの特徴は、その領土、環境、そして諸国民の大きな多様性にある。ＥＵは米国とは逆に、経済的な責任を中央に委ね、政治的な責任の主要部分は加盟国に残す形で構築されてきた。それは諸国民の連邦体にとどまり、地政学上の不確定要因に満ちている。

・決定中枢はどうなっているのか。一九六三年のエリゼ条約によって確立された仏独枢軸は、再統一されたドイツが重みを増し、国益を強く擁護するようになったことで揺らいでいる。ＥＵ最大の軍事大国である英国を交えた三頭体制を組むのは、英米の「特別な関係」からして難しい。
・ESDP〔共通外交・安全保障政策〕が全会一致ルールに縛られ、NATOとの差別化に苦労している現状で、いかなる手立てがあるか。
・ドイツが東方を注視し、フランスが南方を注視する現状で、どういった展望を描くのか。
・いかなる対外関係をとりわけ米国と保つのか。ソ連消滅後、米国の庇護を不要とすることも可能だったが、現実には逆の展開をたどるに至った。EUに統合された東欧諸国が、ロシアを依然として恐れ、究極の保障は米国にあると考えたからだ。その結果、英国の主導するNATO派が強化された。
あらゆる要因が、パワーの負担を米国に委ねようとする方向にヨーロッパ諸国を促している。諸国の不一致。過去の乱暴に関する否定評価と反省。ヨーロッパというモデルの財源調達の必要性。

それゆえ、ヨーロッパの自己主張は次の二つの側面にとどまっている。
・第一は、二〇〇九年から二〇一〇年に見舞った危機にもかかわらず、異論の余地なく成功した通商パワーの側面である。EUはこの流れに沿って、規範化を意図した経済協定の締結を近隣地域と重ねており、地中海圏とは地中海連合、ブラック・アフリカ*とは二〇〇〇年にロメ協定に替わるコトヌ協定を結んだ。
・第二は、環境対策や人権の進展に取り組む「ソフトパワー」の側面である。ヨーロッパ的だという諸原則を定めた基本権憲章も制定されている。だが、これは奇妙な難問の元凶にもなっている。ヨーロッパが普遍的権利のありかだというのなら、その境界線はどこにあるのか、トルコ*はどうするのか、という問題だ。

ヨーロッパを普遍的価値になぞらえるのは、弱さの吐露に聞こえなくもない。「基本権」なるものは最小公約数でしかなく、一体性とアイデンティティという根本問題の提起を避けるためのものに見えるからだ。

15　北米——「縄張り」

ベーリング海峡からテワンテペク地峡までを指す（米国、カナダ、メキシコ）。陸地の一四・五パーセント（二一六〇万平方キロメートル）、世界の人口の七パーセント、GDPの二四・五パーセント（うち米国が二〇・五パーセント）、輸出の一六・五パーセントを占める。

「米国のハイパーパワー」についてはいやというほど語られてきた。このパワーの基盤は米国が世界に投げかけた網、すなわち基地、多国籍企業の支社、諜報機関などのネットワークにあるといえる。米国の力が、その統制下にある北米大陸にも根ざしていることは、ついぞ忘れられがちだ。

人口とGDPの面では、北米とEUの重みは同程度である。米国は一九九四年のNAFTA（北米自由貿易協定）締結以降、北米経済の米国経済への統合を進めてきた。米国はメキシコの輸出の八九パーセント、カナダの輸出の八五パーセントを吸収し、米国企業は両国の多くの産業部門を支配している。国内には石油をはじめとする原料資源もある。このような「縄張り」をもつ米国は、あたかも島のようであり、海空軍力（空母一一隻）と核抑止力を伸長させるゆとりがあるため、対外防衛と世界的な戦力展開を同時に推進することができる。

この「縄張り」は現在も、WASPエリートが取り仕切っている。彼らが築いた「必要不可欠な国」というアイデンティティは、ヨーロッパ*との曖昧な関係の上に立っている。新世界は聖書や啓蒙といった礎石を旧世界と共有する。その一方で、最初の入植者たちは、ヨーロッパの圧政を逃れ、トマス・ペインの言によれば「新たに世界を始める」ために、あえてヨーロッパを捨てた人びとだと位置付けられている。一言でいえば、米国は、ヨーロッパが失敗したところで成功してみせるつもりでいる。

ただし、この「縄張り」から、WASP優位を揺るがすような遠心力が生まれてくる可能性もある。米国はNAFTAを構築することで、地理的な近接性と経済の補完性を優先させた。にもかかわらず、すでに域内人口の三分の一に達するヒスパニックの増加に不安を抱き、不法移民から自国を守ろうと画策している。米国はいつまで、一方では民族と文化の断絶を強化しながら、他方では北米経済の統合を標榜していられるだろうか。

16 ラテン・アメリカ――さらばクリストファー・コロンブス

米国国境からティエラ・デル・フエゴ諸島までを指す。陸地の一五パーセント、世界の人口の八・三パーセント、GDPの八・五パーセント、輸出の五・一パーセントを占める。(1)

(1) 北米*に算入したメキシコを含めた数字。メキシコを除いた数字はそれぞれ一三・七パーセント、六・七パーセント、六・四パーセント、三・五パーセント。

スペインとポルトガルの政治的支配を逃れたのも束の間、ラテン・アメリカ諸国は十九世紀には英国、二十世紀には米国の経済的支配を受けた。原料資源が豊富で、明らかに経済的有益性があったからだ。

ラテン・アメリカは、とりわけ米国の安全保障にとって重要である。モンロー大統領は一八二三年に、「アメリカはアメリカ諸国のものだ」と述べ、ヨーロッパ列強がこの地域に進出することを封じた。米国はさらにセオドア・ルーズヴェルト時代の一九〇四年に、ラテン・アメリカ諸国の問題に介入する権利を自任した。モンロー主義は実際には、「アメリカは米国のものだ」を意味していた。米国はラテン・アメリカの輸出の四〇パーセントを吸収し、外国直接投資の五〇パーセントを保有し、OAS〔米州機構〕のような主要地域機構のトップに立ち、敵対的な企て（ペロン主義やカストロ主義）をうまく封じ込めてきた。米国はラテン・アメリカを「ベーリング海峡からティエラ・デル・フエゴにまで至る」広大な自由貿易圏に組み入れることを提唱してきた。すでに中米地域は、二〇〇四年のCAFTA〔中米自由貿易協定〕のような経済提携協定が重ねられ、米国の重力圏にますます引き入れられている。ラテン・アメリカ内の最初の亀裂が、中米と南米の間に生まれつつある。

こうした米国の構想は、強力な反対にぶつかっている。その先頭に立つベネズエラは、ラテン・アメリカだけを対象とした「ボリーバル同盟」という対案を提唱している。とはいえ、米国の支配に揺さぶりをかけるためには、一連の条件を満たすことが必要になる。

・第一に、真の経済発展に向けて踏み出す必要がある。二〇〇〇年代の原料資源の高騰によって、状況が好転したとの幻想が出てきた。多少の選択の余地（米国の対抗勢力になり得る中国との関係発展）も生まれてはいる。しかし、二〇〇八年の金融危機による揺り戻しを見てもわかるように、価格高騰は安定的なものではない。

・第二に、多くの国境紛争を抱え（アルゼンチンとチリ、エクアドルとペルーとコロンビア）、優位を得ようと暗闘する地域諸国が、手を携える必要がある。かねて最有力国と見られてきたアルゼンチンが経済的に弱体化したことで、ブラジルが躍り出るようになった。購買力平価ベースのブラジルのGDPは、ラテン・アメリカ全体の三分の一に達する。一九九一年に両国も加わったメルコスル〔南米南部共同市場〕が構想されるが、アルゼンチン企業がブラジル企業との競合を懸念しているために成果に乏しい。

・第三に、ラテン・アメリカのアイデンティティを定義することが必要だ。ラテン・アメリカは、イヴ・ラコストの言によれば長らく「未完の極西」の状態にとどまり、域内の経済と上流社会が最初はヨーロッパ*、次いで米国に傾倒していたせいで、自分探しを続けている。コロンブス以前にさかのぼれば、先住民時代の過去の中に見つかるという者もいる。最初は一九一一年の革命直後のメキシコで起こり、最近ではボリビア、エクアドル、ペルーなどで、燎原の火のように広がっている主張である。

この先住民性の主張には、幻覚めいたところがないだろうか。それが大きく神話化され、地域間の亀裂を煽っている国もある。たとえば、オリエンテ地域[*]がむしろブラジルに目を向けるボリビアだ。他方、主張が実現されることはなく、先住民の社会的疎外や文化変容は続いている（メキシコ）。さらに、こうした主張は、先住民が少数派とはいえ相当数いる国（メキシコからボリビアまで）にしか当てはまらない。

17 東アジア——絶対的な他者

太平洋沿岸[*]のアジア諸国および若干の内陸国（モンゴル、ラオス）を指す。[1] 陸地の一一パーセント、世界の人口の三二・五パーセント、GDPの二四・一パーセント、輸出の三五パーセントを占める。

（1）ビルマ〔ミャンマー〕とパプアもこの地域に含める。

ヨーロッパ[*]から見ると、東アジアは人類の歴史のもう一方の極をなしているように見える。この二つの大陸は、長らく同等の重みをもっていた。その均衡が破れたのは大発見時代（中国は一四三三年を最後に遠征を止めていた）、次いで産業革命時代のことである。

こんにちでは均衡が再び揺らいでいるように思われる。東アジアはGDPでヨーロッパと同等、人口で四倍の重みをもつようになった。二〇〇八年の経済危機は、新興国として抬頭する中国には、ほとんど影響を与えなかった。二〇〇九年十一月のオバマ訪中は、それを裏付けるとともに、両大国のG2という見方を促した。過去の大国と未来の大国ということだろうか。

東アジアの抬頭は、三つの柱に支えられている。

・第一は、中国文化である。中華帝国はトンキン湾から朝鮮半島までを支配下に置き（清）、この地域一帯に技術革新（人間の「集積」を引き起こすことになった水田）をもたらし、集団を重んじる価値観（儒教）を広めた。こんにちではこの価値観を大義名分として、自由主義と個人主義に基づいた欧米モデルを乗り越えると称するアジア主義が伸長している。
・第二は、日本の経済モデルである。日本の成功を見て、まず一九六〇年代から「龍」すなわち韓国と台湾が、次いで一九八〇年代から「虎」すなわち東南アジア諸国が、日本のシステムを模倣した。
・第三は、米国の介入である。米国は地域諸国に開放を迫るとともに、庇護と技術と市場を提供してきた。

東アジアの地政学を見ると、極東は中国、日本、米国の影響力が並んで行使されている場であると簡潔に定義できる。経済関係は強化されており、地域貿易が域内諸国の貿易の過半を占め、日本と台湾の対中直接投資は二〇〇〇年代に急増した。従来なかった自由貿易協定も相次いで締結されている。一九六七年に結成された東南アジア諸国の組織ＡＳＥＡＮは、一九九七年に中国、日本、韓国と組んでＡＳＥＡＮ＋３となった。

とはいえ、東アジアは一体化したわけではなく、リチャード・Ｅ・ボールドウィンの言によれば、複雑に絡み合う矛盾した関係からなる「麺のどんぶり」状態にある。この地域の統合要因は分裂要因でもある。最近の中国の拡張は不安を呼び起こしている（南シナ海*の項を参照）。日本が残した悪い記憶は忘れられてはいない。二〇〇九年の日本の選挙は民主党勝利という結果になったが、戦後に仏独の間で成立したものに匹敵するような和解は、今日明日には成立しそうにない。そして米国は、こうした分裂に乗じて、東アジアにおける突出したプレゼンスを軍事面でも（第七艦隊、在韓米軍、在日米軍）、経済面でも（ドルの役割）、政治面でも（表向きは平壌を標的とし、実際には北京を標的としたミサイル防衛システム構想）うまく維持している。

米国はこうして、海洋アジアと大陸アジアという旧来の亀裂を呼び覚まし、前者に作用して足がかりとしている。この亀裂は、米国の潜在的なライバルである中国を横切っており、中国内の分裂を悪化させるおそれがある。

18　南アジア――現実回帰

かつての大英帝国領インドを指す（ビルマ〔ミャンマー〕を除く）。陸地の三パーセント、世界の人口の二二・五パーセント、GDPの六パーセント（うちインドが四・五パーセント）、輸出の二パーセントを占める。

一見すると、南アジアの変遷は東アジアのそれ、とりわけ中国の変遷に似ている。地域一帯、さらにはバリ島やアフガニスタンにまで、広く影響を及ぼした輝かしい文明。植民地化された屈辱。独立と長期にわたる経済の停滞。急激な抬頭。インドの場合は、一九八四年にラジヴ・ガンディーによって着手され、マンモハン・シンによって続行された開放・自由化政策が契機となった。

とはいえ、両国の間には顕著な違いもある。第一に、南アジアは当初の経済レベルが一段と低く、離陸の時期も遅かった。経済規模ははるかに小さいし、インドがハイテク・サービス産業で地歩を築いたといっても、南アジアの成功は安定したものとはいえない。

第二に、南アジアには東アジアよりさらに大きな分裂がある。一九四七年のインドとパキスタンの成立が、そもそも分裂した形を取った。ヒンドゥー・ナショナリストはこれを断じて容認せず、両国間では三度にわたり戦争が起こり、以後もカシミール*で紛争がくすぶり続けている。両国の紛争の背後には、南アジア一帯の民族的、宗教的な対立がある。スリランカではヒンドゥー教徒のタミル人と仏教徒のシンハラ人が、ミャンマーではビルマ人とキリスト教徒の多いカレン人が対立している。そしてインドには、ヒンドゥー教徒、イスラム教徒（人口の一五パーセント）、キリスト教徒の対立がある。

第三に、インドと他の域内諸国の間には、完全に格差がある。インド一国で地域のGDPの四分の三以上を占める。これに加えて、一九七〇年代からインドが地域の保安官の役割を自任していることも不安を呼んでいる。一九八七年にはスリランカに、一九八八年にはモルディヴに介入したうえに、GDPの三パーセントにまで軍事費を増やしてきた。インドは地域諸国向け輸出の比率は少ないながら、地域貿易促進のために、一九八五年のSAARC〔南アジア地域協力連合〕創設を主導した。

一九六二年から六三年にかけて中国に惨敗を喫したことが、インドにとって原点となった。それまでのインドは、ガンディーとネルーを生んだ国として、道義的に高い地位にあるのだと取り澄ましていた。現実に引き戻されたインドは、パワーとリアリズムのゲームに身を投じるようになった。当初はソ連に接近し、最近では米国に接近し、他方では中国との経済関係強化にも（利用を図ってか抱き込みを図ってか）努めている。

この「輝けるインド」という新たな大国は、どのように位置付けられるだろうか。インドのナショナリズムは二つの形を取っている。一つは世俗的なものであり、国民会議派に体現されている。もう一つはヒンドゥー教であり、BJP〔インド人民党〕に体現されている。BJPのほうは、イスラム教徒とキリスト教徒に「再改宗」を求めている。数世紀にわたってイスラム教徒やヨーロッパ諸国のもとで、支配と文化変容を被ったインドの過去を消し去るという発想だ。国民会議派のほうは、宗教マイノリティ、大量の不可触民、下位カーストの統合を目指し、これらの人びとを支持者として組織化しようとしている。いずれの路線も、極めて異種混交的で脆弱なインド・モデルの宗教的・社会的・地域的な亀裂を拡大する危険がある。

19　ロシア圏——地理は永遠に

EUに統合されたバルト諸国を除く旧ソ連を指す。陸地の一五パーセント、世界の人口の四パーセント、GDPの四・四パーセント（うちロシアが三パーセント）、輸出の六パーセントを占める。

ロシアはヨーロッパ*の一部なのだろうか。ピョートル大帝はそうであることを示そうとした。御用地理学者ワシーリー・タチーシチェフは、ヨーロッパ大陸の境界はウラル山脈にあると定義した。この定義には、ロシアで最も人口が多く、最も発展が進んだ地域をアジアに含めずに済むという利点があった。
二つの流派が対立するというロシアの特徴は、この時期に始まる。ピョートル大帝自身と貴族層、次いで西洋派とスラヴ派の対立に続き、十九世紀の労働者運動では、ロシアの農民に期待をかける革命派社会主義勢力と、マルクス主義の影響を受けた民主派社会主義勢力が対立した。フィンランド・アカデミーがロシアで行なった調査によれば、二〇〇三年四月の時点でも、ロシアは（ジョルジュ・ソコロフ言うところの）「独自の発展経緯をたどっている、ユーラシアの」国だという回答が四分の三を占めている。

ロシアの地政学は、地理がイデオロギーに優越し、ドミニク・アモン言うところの「ロシア政治の接頭辞」と化していることを如実に示す。この事実は共産主義体制下でも変化することなく、スターリンの描いた展望は皇帝たちのそれと変わりなかった。国内に住むさまざまな民族を統一し、西方と東方の脅威に対する防衛圏を構築すること。海峡を掌握して、温暖な海へのアクセスを手に入れること。大西洋*への出口にはデンマークのかんぬき*、地中海*への出口にはトルコ*の諸海峡、太平洋*への出口には日本のかんぬき*が控えている、というのがロシアの地理である。

二十世紀の終わりから、こうした大枠は変わらないものの、大きな変化が相次いでいる。第一に、ロシアは急激な縮小を被り、その西側国境は十七世紀初めの位置に戻ってしまった。かつての社会主義諸国とソ連諸国はNATOの加盟国あるいは加盟候補国になっており、ロシアは包囲されているように感じている。第二に、エレーヌ・カレール＝ダンコースが言うように、マイノリティが多数にのぼり（人口の二〇パーセント）、一部は叛乱を起こしている（チェチェン*）としても、ロシアは帝国から国民国家へと変化した。第三に、ロシアは大きく弱体化したように見える。GDPは今や、米国やEUの七分の一でしかない。一九九二年以降、人口が減少を続けていることも大きな不安材料だ。

ロシアは大国ではなくなったと考えるべきだろうか。いや、過去の遺産を看過すべきではない。ロシアは国連安保理の常任理事国であり、核保有国である。ウクライナ東部やカザフスタンはロシア化されており、正教の世界では「第三のローマ*」たる威光を保っている。また国内の資源、とりわけ天然ガスの存在を軽視すべきではない。ロシアは天然ガスの世界埋蔵量の四分の一を擁し、圧力手段として活用している。ロシアがこれらのカードを用いる際の利害関心はつねに同じである。「近い外国*」への影響力を保つこと、インドや中国の参加する上海協力機構への加盟によってユーラシアでの地位を確立すること、海へのアクセスを切り開くこと、である。この最後の点に関しては、またもや地理が後押ししている。気候温暖化によって、北氷洋*が航海可能になり、大陸棚での深海油田開発を進めやすくなるからだ。この大陸棚は、ロシアが領有を主張し、カナダと米国が抗議しているものである。

20 MENA（中東・北アフリカ）――フラストレーション

ほとんどがイスラム教の諸国で、モロッコからイラン、トルコ*からスーダンまでの弧をなす（アフガニスタン*、モーリタニア、スーダンも含める）。陸地の一〇・五パーセント、世界の人口の八・五パーセント、GDPの三・五パーセント、輸出の一一パーセントを占める。

この略号は国際機関で用いられ、フランスで中東、北アフリカ、マシュレク圏アラブ、マグレブ圏アラブと呼ばれる地域を包含する。イスラム教とアラブ人が主流。コーランはアラビア語で書かれているため、両者には強い関連があるが、非アラブの重要国もあり（トルコ、イラン）、キリスト教マイノリティも昔から住み着いている。

アラブ＝イスラム圏は、西欧と最初に衝突した地域となった。九世紀の頃には西欧よりも進んでいたと考えられ、何度となく西欧を脅かしている。しかし、十一〜十二世紀には農業の進歩によってヨーロッパ*がこの地域を引き離し、それが十六世紀以降はさらに顕著になった。スエズ運河*が開通し、石油が発見され、オスマン帝国が後退したことで、地域一帯は徐々に外国の支配下に組み込まれるようになった。最初はフランスと英国、一九五六年のスエズ危機以後は米国とソ連である。一九五七年のアイゼンハワー・ドクトリンは、ヨーロッパにおけるトルーマン・ドクトリンに匹敵する亀裂を生み出した。

この地域の衰退の原因はどこにあるのだろうか。バーナード・ルイスは、イスラム教の硬化に原因があり、それを象徴するのが、一一八七年にムワッヒド朝によって哲学者アヴェロエスが断罪された事件であるという。彼の説は挑発的で、イスラム教は近代化と両立しないと主張するものだとされた。しかし、アラブ・ナショナリストはこれと大差ない見解のもとで、世俗的な近代人としてアラブ圏の統一を志した。彼らはバアス党（一九四七年にキリスト教徒のミシェル・アフラク、およびサラーフッディーン・ビータールにより結成）に結集したり、ナーセルを旗印にしたりした。だが、彼らは地域の発展も民主化も、両大国の支配からの解放も、成し遂げることができなかった。

この失敗によって、彼らの激烈な闘争相手だったイスラム主義勢力が伸長する余地が生まれた。イスラム主義勢力が抬頭した背景には、アラブ＝イスラム圏の大多数の人びとが抱いていたフラストレーションがある。人びとは、アラブ＝イスラム圏の衰退の原因が、かねてイスラム教の敵によって企てられた陰謀にあると確信していた。この地域では記憶は長く保たれ、遠い過去が呼び覚まされる。欧米の意向のもとで建国が強行されたイスラエルはかつての十字軍国家になぞらえられ、宗教権力と政治権力を併せ持ったカリフの復活が神聖な目標とされ、米国のイラン侵攻が新たな十字軍のように受け止められる。とはいえ、イスラム主義があらゆる形の近代化と両立不能であるわけではない。イスラム教の信仰と欧米の技術を結合させたイランがその反証である。

宗教による地域の一体化が実現する見込みはあるだろうか。闖入者を追放するというのでもない限りは（キリスト教徒に対してはかなり実行されているが）不可能である。シーア派とスンナ派という内部の亀裂も障害となる（イラクのシーア派はスンナ派のテロリストの標的にされている）。米国をはじめとする大国のゲームとも衝突する。この地域は、世界経済に占める割合は小さいながら、世界の石油埋蔵量の三分の二を擁している。沖合には、石油輸出に用いられる主要海路がある。したがって、今後も主要大国の大きな争点であり続け、自立を認められることはないだろう。

21 ブラック・アフリカ——「灰かぶり姫の大陸」

サハラ以南アフリカを指す。陸地の一四パーセント、世界の人口の一〇・四パーセント、GDPの二・三パーセント、輸出の二パーセントを占める。

ブラック・アフリカはヨーロッパから相対的に近い位置にあるが、諸大陸のうち最後に植民地化され（内陸部の支配は一八八五年のベルリン会議*以後に始まる）、直接支配も結果的に短期間にとどまった。およそ四分の三世紀、つまり二世代にわたる期間である。

ある種の鉱物資源が豊富で（世界のプラチナの四分の三、クロムの三分の二、コバルトの三分の一を産出）、世界埋蔵量の五パーセント（北アフリカと同程度）の石油がある。欧米諸国はこれらの富に対する間接支配を巧みに維持してきた。南半球の他の地域では油田が国有化されたのに対し、ここでは大手石油企業が系列油田の回復に成功した。

ブラック・アフリカがいつまでも困難から抜け出せずにいるのは、「ネオコロニアル」と形容されることもある欧米の支配ゆえなのだろうか。二〇〇〇年代初めには原料資源の高騰により、やや好転を見せたものの、アフリカ経済は独立時と比べて大きく後退した。二〇〇五年時点で、四九を数えた最後進国のうち三四を地域諸国が占めている。原因はどこにあるのか。拙速に近代化を推進したこと。国家に先立って国境線が引かれ、その国家もまた国民に先立って創設され、部族間の争いや利益誘導政治を生み出したこと。見かけは民主的な機構が作られたものの、民族間の内戦や、独裁体制に至ってしまったこと。アフリカ全体で一九〇〇年には一億人、それが二〇一〇年には一〇億人という数値が示すように、人口増加を制御できていないことなどである。

こうした状況下でアフリカは、重きをなすための組織化もできず、支配される周縁にとどまっている。OAU〔アフリカ統一機構〕は失敗に終わり、二〇〇一年にアフリカ連合に改組された。経済分野の地域機構も微力である。

アフリカ諸国の指導者が取り組んでいる対策は二通りである。一つは、ヨーロッパとの関係を強化し（二〇〇〇年のコトヌ協定）、ヨーロッパをモデルとした近代化を試みることだ。ただし、ヨーロッパは「良き統治」に関して高い要求を課してくる（経済の自由化、人権の尊重）。もう一つは、他の国々に目を向けることだ。米国が進出を進めているが（南アフリカ、ナイジェリア、ウガンダ）、この国もヨーロッパと同じぐらい高い要求を課してくる。中国の場合は、欧米の支配を逃れる道となり、有利な条件を提示し、アフリカ諸国に無理を要求することはない。

アフリカはヨーロッパとの関係を強化することになるのだろうか、それともヨーロッパへの依存を減らすことになるのだろうか。人の流れからすると、どちらに向かう可能性もある。一方、ヨーロッパに移住するアフリカ人は大きく増えている。その一方で、アフリカにいるヨーロッパ人は退避する傾向にある（コートジヴォワール、ジンバブエ、南アフリカなど）。

22

地中海——インターフェース

ヨーロッパ*とアジアとアフリカの内海。広さ二五〇万平方キロメートル。東西四〇〇〇キロメートル、南北最大七〇〇キロメートル。

地中海は海であり、インターフェースであり、一つの世界である。

・それは第一に、あらゆる内海のモデルをなす。大洋との連絡はジブラルタル海峡*、それに人工的に設けられたスエズ運河*だけである。その名は一般名詞化して、「日本の地中海」（瀬戸内海のこと）、「アジアの地中海」（南シナ海一帯*）、「アメリカの地中海」（メキシコ湾からカリブ海にかけての海域）といった言い方がされる。イヴ・ラコストが指摘するように、こうした観念は地理学上というより地政学上のものであり、異なる活発な民族間の関係形成を前提とする。そのため彼は北氷洋*については地中海という語を用いない。

・「地中海」の観念は、こうしてインターフェースの観念と結び付く。われわれの地中海は、貿易の流れ（石油貿易の四分の一がここを横断）と人の流れ（移民、観光）が行き交う場所である。とくに大きな相手先がアラブ=イスラム諸国であることも述べておくべきだろう。EUの貿易総額にアラブ=イスラム諸国の占める割合が一〇パーセントであるのに対し、アラブ=イスラム諸国の貿易総額に占めるEUの割合は四〇〜七〇パーセントにのぼる。

・地中海は、三千年に及ぶ相互の交易と侵略と影響によって、諸民族が暮らし方、生産様式、そして近縁関係にある信仰を共有する一つの世界となっている。三大一神教はいずれも地中海のはずれで誕生している。とはいえ、地中海の沿岸が統一されていたのはローマ時代だけであり、イスラム教の勃興によって亀裂が生まれた。この亀裂は、若干の移動はあったにせよ（スペインの国土回復運動、アナトリアのトルコ領化）、消え去ってはいない。

地中海はEUにとって、決定的に重要である。一九五七年の条約は、マーレ・ノストルム〔われわれの海〕の都、カトリック教会の首座たるローマ*で調印された。EUはこの海域を裏庭として当然視する。いわば米国にとってのカリブ海と同様で、それによって提起される課題も同様である。

・経済発展に関わる課題。購買力平価ベースの一人あたりGDPは、EUが他の沿岸諸国の三倍である。それは一九六〇年の時点でもこんにちでも変わらない。

・国際的な移住に関わる課題。マグレブ地域の出生率が下がったとはいえ、絶対数での増加傾向はそのまま継続するからだ。

・関係強化に関わる課題。沿岸諸国の関係強化は、一九九五年のバルセロナ会議で開始され、二〇〇八年の地中海連合の創設によって再開されている。

・パワーに関わる課題。米国は、ここに第六艦隊、基地、同盟国（イスラエル、エジプト）を有する紛れもない地域勢力である。

23 大西洋――西洋の揺籃

ヨーロッパ*とアフリカをアメリカから分かつ大洋。広さ八〇〇〇万平方キロメートル。[1] 東西八〇〇〇キロメートル。

（1）大洋の推定規模は、諸々の海を含めるかによって異なってくる。本書では中間値を採った。

ヨーロッパは大西洋を横断したことで、世界の発見と支配の道に乗り出した。この大洋の制海権が十九世紀に英国に握られ、そして三角貿易と黒人奴隷貿易が展開され、植民地化とプランテーション開発が進められ、旧大陸が必要とした農産物が供給された。

二十世紀には、大西洋は別の意味を帯びるようになる。欧米の結束である。大西洋主義とは、共産主義のソ連と対峙する欧米が、利害関心と価値観を共有したことを意味する。欧米の結束は、大西洋の両岸に築かれた紐帯に示されている。米国東北部からノーザンレンジ〔トリニダード島の北部山脈〕に至る航路は、世界で最も利用される航路の一つである（貿易量・額とも世界の一〇パーセント）。世界最多の航空路があり、海底には一八六九年より電信ケーブル、一九二七年より電話ケーブルが走り、現在では光ケーブルに置き換えられつつある。

NATOの創設は、この現実が政治面で具現されたものであり、アルフレート・グロセールによれば、西洋の誕生を画する出来事だった。だが、パートナーシップという外観のもとに、大西洋の支配権を握ったのは米国である。英国はもはや、二国間の「特別な関係」という枠組みのもとで、米国の有能な補佐役となっているにすぎないように見える。米国の政策の要諦は、ヨーロッパを西方に引き寄せて米国に括り付け、自立しすぎないように抑えることにあった。ディーン・アチソンの言葉によれば、「大西洋の塩水にヨーロッパを溺れさせる」政策である。

二十一世紀は大西洋に新たな意味を付与することになるのだろうか。二つの面から考えてみよう。

・米国とヨーロッパの対決が起こるかもしれない。共産主義に対する勝利によって。両者の紐帯は緩んだ。その一方で、ヨーロッパは自立を深めようとしている。とはいえ、NATOは維持され、イスラム主義のような新たに出現した脅威に対して、欧米はおおむね結束感をもっている。この意味で、地中海*の機能が分離にあり、大西洋の機能が一体化にあるという点は変わっていない。

・抬頭する太平洋が、世界経済の編成の中心になるかもしれない（太平洋*の項を参照）。その場合、米国は明確にアジアに傾斜していき、大西洋とルーツたるヨーロッパに背を向けるだろう。

ヨーロッパのパワーが最初に発揮された場となった大西洋は、こんにちではヨーロッパの相対的な後退を示すものとなっている。

24　太平洋——新たな中心？

アジア、アメリカ、オセアニアの間に広がる世界最大の大洋。広さ一億六〇〇〇万平方キロメートル。赤道付近の幅二万キロメートル。

大西洋*の二倍の広さをもつ。この距離に加え、あまり「太平」ではなく航海が困難であるため、太平洋横断貿易は長らく発達しなかった。ロンドン*と東京の往復が三年がかりだった帆船の時代、日本が独立を保ったのも同様の理由による。現在でも、太平洋地域の編成様式は大西洋地域のそれとは異なる。大西洋では東西に広がる文化圏があるのに対し、太平洋には南北を分かつ亀裂がある。

この地域の主要な問題は、中心の概念と関連する。

・太平洋はかつての大西洋のように世界経済の中心になりつつあるのだろうか。事態はあらゆる点でそのように見える。貿易は活発であり（太平洋の横断貿易は一九八四年に大西洋を抜いた）、経済成長率は高く、外国直接投資が殺到している……。アジアは大洋に引き寄せられるかのように沿岸部に傾き、米国の人口と経済の重心は西海岸に移動している。APEC（一九八九年に米豪の主導により発足）に参加する沿岸諸国は、三億人超の人口、世界GDP総額の五五パーセント[1]、貿易輸出総額の過半数を数える。

（1）購買力平価ベースでのAPEC諸国の総額。GDPの大部分が太平洋から遠く離れた地域で得られている国（ロシア、米国）の場合も、全額を算入している。

太平洋は、大西洋よりも近代的な統合の手本にさえ見える。大西洋では古い二段階式の国際分業（東西では同一産業部門内、南北では部門間）がいまだに行なわれているのに対し、太平洋では多段階式の複雑な国際分業が編み出されている。日本と米国が資本・機械・技術を提供、龍の諸国が消費財と高度部品を生産、虎の諸国と中国沿岸部が汎用工業製品に特化、その他の諸国が人と原料資源を提供するという構図である。しかも、この国際分業は動的であり、各国は少しずつステップアップする。大規模な事業移転や企業内取引（地域貿易の三分の一以上）を通じて、グローバル企業が牽引車の役割を果たしている。

だが、太平洋が中心になるというのは（まだ）現実にはなっていない。権力の中枢、有力な証券取引所、大手企業の本社、上位の大学は、大西洋地域にある。カリフォルニアと日本という顕著な例外を除けば、主要な研究拠点もだ。資金、頭脳、決定権……。それだけでも太平洋の躍進は相対化され、さらに地域を脅かす重大な緊張も存在する。

・もし太平洋が世界の中心となった場合、その中心の中心はどこになるのだろうか。軍事面で米国が支配していることには異論の余地がない。米国には艦隊（第三艦隊および第七艦隊）、基地（真珠湾、グアム）、部隊（在韓、在日）、そして同盟関係がある。経済面では、東アジア*・南アジア*に対して二〇〇八年には四三〇〇億ドルという貿易赤字を抱えつつも、ドルが主要な取引通貨であること、自国企業の支社が各地にあることが有利である。日本の挑戦を受けたが切り抜けた。現在は、とりわけ南シナ海*や台湾海峡*のような海洋部で、中国の野心に直面している。それゆえ多くの識者が、世界のパワーをめぐる次の対決は米中の間で起こると予想している。もしそうなれば、この大洋の名前は再び裏切られることになるだろう。

25 インド洋——低開発の大洋

アフリカと南アジア*の間に広がる大洋。大部分は南半球にある。広さ七〇〇〇万平方キロメートル。

英国によって、世界に通じる出口（喜望峰*、バーブ・エル・マンデブ海峡*、マラッカ海峡*）を押さえられ、長らく支配されたインド洋は、こんにちでは低開発の大洋と化したように見える。沿岸には新興国（インド、南アフリカ）、産油国（アラビア半島）、新興工業国（マレーシア）、最後進国と、あらゆる種類の途上国がある。強国は勢力の拡大を試みており、なかでもインドは海軍を強化して、保安官の役割を自任し、モーリシャスなどで在外者の活用を図っている。

インド洋はまた、イスラム教の拡大の大洋でもある。十世紀以降、商人によって伝えられ、東はインドネシア*、南はザンジバルの先にまで広がっている。急進派の出現（一九九八年にはナイロビで、二〇〇二年にはバリ島でテロ事件が発生）により、中東原油の大部分が経由するインド洋への米国の関心が高まっている。ディエゴ・ガルシア島などに恒久基地を置くとともに、ペルシア湾岸と紅海（ジブチ）でのプレゼンスも強化している。

26
北氷洋——冷戦から地球温暖化へ

北極点周辺で、アメリカ、ヨーロッパ*、アジアの間に広がる大洋。広さ一二〇〇万平方キロメートル。

一九二〇年代の大遠征から四分の三世紀を経た二十一世紀の初め、北氷洋への関心が復活した。海氷の急激な後退によって、マラッカ海峡*に比べて距離が半分で済み、安全性の高い航路が開けるようになる。同じ原因により、油田・ガス田（USGS〔米国地質調査所〕によれば世界の総資源量の二五パーセント）の開発期間が短縮される。

さらに、UNCLOS〔国連海洋条約〕の発効によって、三つの紛争が浮上している。

・航路に関しては、カナダが北西航路を自国領海内にあると宣言した（つまり利用を禁じることができる）。他の諸国は、北西航路を国際航路と見なしている。

・EEZ〔排他的経済水域〕の境界も争われている。漁業権と石油・ガス資源の争奪のために、ボーフォート海（米国とカナダ）、バレンツ海（ノルウェーとロシア）などで、開発許可証の発行による囲い込みが推し進められている。

・北氷洋の地位が決定されていない。条約によれば、EEZ帯に含まれない中央部の海域は、南シナ海*と同様に「公海」と見なす。しかし現実には、カナダが一九九三年から、ロシアとデンマークが二〇〇七年から、自国の大陸棚は北極点まで続いていると主張している。これら諸国は、第三国と国連をカヤの外に置いた形で、自国のEEZの延長と北氷洋の切り分けを求めている。

解決を困難にしそうな要因は他にもある。先住民が資源開発に関して、収入の分与と環境への配慮（彼らのアイデンティティと宗教に関わる）を求めていることだ。

27　南極——科学による（ジオ）ポリティクス

南緯六〇度以南の陸地と氷塊の集合を指す。広さ一四〇〇万平方キロメートル。

一九五九年以来、この「第六の大陸」は南極条約体制によって規制されており、人類の共通財産として、条約の規制を受けた科学研究（四〇〇〇人の研究者）にもっぱら利用されている。軍事活動や、鉱山開発、領有は禁止されている。

近年の変化によって、この条約の弱体性が明らかになった。向こう五十年にわたって開発を禁止するマドリード議定書が、一九九八年に発効するに至ったのは、エネルギーの過剰消費を憂慮する環境保護派が活発に動いた結果である。しかし、議定書は二〇四八年以降については何も規定していない。北氷洋*のスピッツベルゲンは、国際条約の規制を受けつつノルウェーが統治する島だが、鉱山開発も漁業も認められ、観光によって荒らされている。これを見れば、二〇四八年以降の南極に何が起こるか想像がつく。

一九五九年の条約は、それ以前の領有権主張を凍結した（アルゼンチン、チリ、豪州、ニュージーランド、英国、フランス、ノルウェーの七か国が領有権主張を登録し、ロシアと米国の二か国が登録権を留保した）。科学研究活動を理由とした新たな主張は許されないが、違反も横行している。軍の兵站部隊が補給を担う恒久基地。旗や切手その他の主権の象徴。ブラジルは一九八六年に新たな区域の領有を主張。チリは女性や子供の混じった一隊を住まわせて、学校や銀行まで建設。これらはまだ意欲表明の段階でしかないが……。

28 宇宙――惑星への競争

地球大気圏外の宇宙一帯を指す。

南極*と同様、宇宙も「人類の共通遺産」として、国連の条約と責任のもとに置かれている。国家による惑星の領有は禁止され、宇宙の平和利用が謳われている。

二五年にわたる開発競争を経て、宇宙空間における戦争、あるいは地上と宇宙の間での戦争が、技術的にも財政的にも困難であることは今や明らかだ。米国と中国は低軌道衛星の「撃墜」に成功している。しかし静止衛星への攻撃は達成されていない。現実的な有効性が実証されたのは、一九五八年から六二年にかけて実施された核ミサイルの高高度空中発射実験だけだが、その威力は友好国にとっても敵国にとっても恐るべきものであった。

米国をはじめとする西洋諸国は、具体性のある戦略目標（偵察、位置特定、通信）に集中し、月や火星への有人飛行を断念したが、中国その他の新興諸国は、世界的な大国の座を確立すべく、まったく逆の選択を行なった。

29　サイバースペース――バーチャル世界の現実的な地政学

インターネットをはじめとするコンピューター・ネットワークの構築によって作り出されたバーチャル空間を指す。

インターネットは、よく同一視されるウェブとは別物である。

インターネットは物理的で論理的なインフラ（機器とケーブル）であるため、基幹的な輸送ルートと同様、紛争時には真っ先に標的にされる。それゆえ主要大国は、今のところ地上ミサイルの射程外にある高度三万六〇〇〇キロメートルに静止衛星を展開している。主要機関（銀行、証券取引所、検索エンジン、公共サービス）の中央情報システムも潜在的な標的となる。こうしたリスクへの対策として多大な投資がなされている（ケーブル、衛星、データの常時バックアップ）。

ウェブはインターネット経由でアクセス可能なサービスの一つである。膨大な書類（テキスト、画像、音声）が集積され、それらがハイパーテキスト・リンクによって結ばれて、常時変化するバーチャル空間を形づくる。一九九〇年以降、経済と社会がウェブ応用技術への依存を深めてきたため、ウェブはサイバーテロの標的にされている。大規模な攻撃が何度も起こっている。攻撃の起点としてよく名前を挙げられるのはロシア（エストニアおよび二〇〇八年のグルジア*への攻撃）、中国、北朝鮮である。

インターネットとウェブは、一連のソフトウェアによって連結されている。それらのソフトウェアは一九六〇年代にさかのぼる米国の技術に依拠しており、その欠点がセキュリティ問題の大きな原因となっている。これまでに、インド、中国、EUや、「ネットユーザー・コミュニティ」が、フリーソフトを原則とするさまざまな構想を出してきた。規格の更新は必要であるものの、経済的・政治的な問題にぶつかっている。こんにち、インターネットのガバナンスを担っているのは、電子アドレスの割当を監督するICANN（インターネット・コーポレーション・フォア・アサインド・ネーム・アンド・ナンバー）その他の米国の準公的機関である。規格の乱立による混乱状況に対し、EUはネットの監督を国連に移管することを提唱しているが、米国はこれを拒否し、状況は膠着している。

第三章　パワーの鍵となる地点

ルートと通路

コントロールがパワーの鍵となる地点が存在する。商人や戦闘員、宣教師や移民の通り道となり、与太者と徴税吏を引き寄せる地点だ。地理が決定要因となるため、古今変わらない道や出入り口も多い。とはいえ、隣接する国々が豊かになったり、整備の技術が発達したりしたことで、近年になって新たに重要性を増した地点もある。

石油のルート

30　ホルムズ海峡――罠じかけの門戸？

ペルシア湾岸の出口、イランとオマーンの間に位置する海峡。幅四〇キロメートル、長さ六三キロメートル。

世界の原油の三〇パーセント近くが経由するホルムズ海峡は、世界の要路の一つである。オマーンの領海に複数の航路が設定されており、大西洋*や南シナ海*に向かう大型タンカーが通航する。地域の石油施設の大部分が、ここを入り口とする湾岸地帯にある。

それゆえホルムズ海峡一帯は、極めて戦略性が高く、地政学的に見て危険である。オマーンの軍事費は多額にのぼり（GDPの一〇パーセントという割合は北朝鮮に次ぐ世界第二位）、米軍第五艦隊が近傍のディエゴ・ガルシア島に後方基地を置く。

一九八〇～八八年のイラン・イラク戦争の際、イランは何度もホルムズ海峡に地雷を仕掛け、イラクに味方する欧米諸国に圧力をかけようとした。ワシントンとテヘランの関係が恒常的に緊張し、イランが巡航ミサイルを獲得した現状下で、ホルムズ海峡の交通が再び滞るおそれもある。

したがって、ホルムズ海峡の地政学には最終的に別の視点が必要とされる。つまり、これほど機微ではない代替ルート案の検討である。イラク原油を北から運び出すためにトルコ*に抜けるパイプラインの構想。サウジ西岸（紅海側）でのターミナル開発。湾岸の原油から中央アジアの原油へのシフトも選択肢としつつ、湾岸の外でタンカーの荷積みを行なうためにアフガニスタン*とパキスタンを経由する迂回ネットワークの計画。中国が資源調達の安全確保のために、インド洋*に設けようとしている海軍基地やレーダー（とりわけパキスタンのグワダルでの計画は、米国がカラチで進める石油ターミナル構想と競合する可能性がある）。

ホルムズ海峡が脅かされることへの懸念に輪をかけるかのように、イラクのバスラにある地域最大の石油ターミナルは目下、正常な稼働が困難な状態にある。

ホルムズ海峡は、エネルギーをめぐって展開中の広範な駆け引きの重要な鍵となる。トルコ、シリア、中央アジア諸国、パキスタンが有利な状況にある。主要大国の利害の不一致によって、複雑で危険をはらんだ状況が生まれている。ロシアや中国はイランと良好な関係を維持しようとしている。米国はといえば、罠に絡め取られているように見える。イランとの外交的接近はさしあたり不可能だ。イラクもアフガニスタンも放置できない。あまり信用のおける相手ではないパキスタンともうまくやる必要がある。アラブの同盟諸国は、この同盟関係ゆえに困難に陥っている。トルコはクルディスタン*に関する主張を押し通そうとしている。シリアという代案は、地理的には興味深いが、政治的には考えにくい。

31 バーブ・エル・マンデブ海峡——厳戒下の海峡

アラビア半島とアフリカの間に位置する海峡。最も幅の狭いところは二・五キロメートルにも満たない。

アラビア語で「涙の門」の意味する名称が、この海峡の横断の危険をよく表わしている。ジブチ、イエメン、エリトリアの領海だが、国際航行に死活的に重要な海峡であるため、これら諸国は通航を阻止できない。

世界の石油・ガス輸送の三分の一はここを経由する。このルートの監視に注力するのがジブチである。同国にはフランスが、また二〇〇二年からは米国も駐留する。海峡の安全を脅かすリスクは現にある。イエメン沖でテロ事件が続発し（二〇〇〇年十月十二日には米駆逐艦コール号がアデンで、二〇〇二年十月六日にはフランスの石油タンカー、ランブール号が湾内で襲撃された）、海賊行為も発生している。イエメンは内戦の瀬戸際にあり、最悪の事態も懸念される。

32 スエズ運河――欧米の大動脈

エジプト東北部に、フェルディナン・ド＝レセップスによって掘削され、一八六九年に開通した運河。長さ一六一キロ。地中海*を紅海およびインド洋*と結ぶ。

二十世紀を通じて何度も危機の舞台となった。この水路は、万国スエズ海洋運河社が一九五六年まで保有し、一九六八年まで運営していた。同社は英仏の資本による会社で、利益の七パーセントしかエジプトに配分しなかった。

一九五六年七月二十六日に、アラブ・ナショナリズムの指導者たるエジプトのナーセルにより、国有化が決定される。フランスと英国の介入は政治的には失敗で、軍事的には勝利したが、米ソの共同圧力によって撤退した。ナーセルにとって、また広くはアラブ・ナショナリズムにとっては勝利、米国にとって、またそれ以上に英国にとっては敗北、という結果である。英国はそれから間もなく、なおも中東に維持していた拠点〔イラク〕を失うことになる。

とはいえ、地政学上の動乱はその後も続き、一九六〇年代と七〇年代にはイスラエル・アラブ紛争が起きる。イスラエルとエジプトの間の六日戦争〔第三次中東戦争〕で、スエズ運河は六七年から七五年まで閉鎖され、国際運輸に動揺を招いた。一九五七年四月二十四日の〔エジプトによる〕宣言および一九七九年三月二十六日のワシントン条約〔エジプト・イスラエル平和条約〕により、スエズ運河は国際航路となり、中立化され、封鎖や閉鎖を禁じられたが、管理権はエジプトが握った。

一九七五年以降、運河は近代化され、三〇万トン級の船の通航が可能となり（二〇一五年には三五万トンに引き上げられる見込み）、年間二万五〇〇〇隻の船を受け入れる能力を備えるようになった。世界貿易の七パーセント（四億五〇〇〇万トン）がこの大動脈を経由している。こんにちでは、エジプトの主権が及ぶことに争いはなく、スエズ運河は同国経済の牽引車となっている（日に一〇〇〇万ドルを稼ぎ出す第三の外貨収入源）。

33 喜望峰――影響力に劣るルート

アフリカ大陸の南端。三つの大洋（インド洋*、大西洋*、南氷洋）の交わる位置にあり、ヨーロッパ*からアジアに抜ける海の通路。

一四八八年にバルトロメウ・ディアスによって発見された。ヨーロッパ諸国はそれから一世紀後、インド航路の中間という戦略的意義のある喜望峰を活用するようになる。しかし、航路を六五〇〇キロ短縮するスエズ運河*が開通したことで、この経由地の重要性は薄まった。

中東戦争が起き、とりわけスエズ運河が閉鎖されると（一九六七〜七五年）、喜望峰ルートの重要性が再認識された。航路は長いが、五〇万トン以上の超大型タンカーも通航できる。

スエズ運河の再開後も、多数の原料資源の経由地として、またバーブ・エル・マンデブ海峡*の情勢不安により、喜望峰は一定の重要性を保っている。

34　BTC——石油パイプラインの危険なゲーム

二〇〇五年五月に落成したパイプライン（石油と天然ガス）。アゼルバイジャンのバクーからグルジア*のトビリシを経てトルコ*のジェイハンに至り、カスピ海の石油を地中海*に運び出す。

アゼルバイジャン原油の欧米向けの安定輸送を可能にし、将来的にはカザフスタン原油も視野に入れたBTCは、パンドラの箱を開いた。それは期待された経済発展にもまして、ただでさえ揺れていた地域に大きな不均衡を生み出した。

BTCはEUにとって、ロシアの輸送網を回避する調達ルートという意味をもつ。クレムリンは、この戦略的市場における地位低下を容認せず、奪還を試みている（グルジアへの圧力、ロシアのパイプラインとの接続の提案、ガスプロム社による中欧向け延伸構想）。黒海とバルカン半島では新たなパイプラインの建設競争が起きている。とはいえ関係諸国はこんにちでは、計画の相互調整に前向きになってきたようだ。

こうした中で注視されるのがトルコである。地域内での立場強化という新たなカードによって、EU統合の実現を図っている。地域内の政策に関する発言力の向上も狙っている。イラクのクルド人の立場が強まることへの懸念からだ。そこの石油がBTCに接続されれば、ペルシア湾への安全な輸送ルートが確立されることになる。

このような情勢下で、全長一八〇〇キロメートルのBTCは、ありとあらゆる活動家の標的とされている。欧米の調達ルートの安全確保策として構想されたBTCの建設は、回避された危険と少なくとも同程度の危険を生み出した。

35 トルコ、ボスポラス海峡・ダーダネルス海峡――ヨーロッパへの開口部

ロシアが温暖な海を目指すには

ヨーロッパ*とアジアの間に位置する。南にダーダネルス海峡（長さ六一キロメートル、幅六キロメートル）、北にボスポラス海峡（西岸にイスタンブル。長さ三〇キロメートル、幅三キロメートル）。

トルコの二つの海峡は、方向に応じて異なる意味を帯びる。南北の方向では、黒海とロシア圏*を地中海*と結び付ける。これが「古典的」な読み方である。東西の方向では、ヨーロッパとアジアの間に架かる橋である。幅が狭いため、両岸にまたがるトルコ領の一体性にとって、さほどの障害ではない。

南北方向に関しては、トルコにとって幸運でも不運でもある。この海峡を押さえていることで、ヨーロッパの大国、とりわけロシアからつねに敵意を向けられてきたという意味では不運である。他方、この重要な海峡を敵に奪われるのを阻止しようとする国々から、つねに支援を得てきたという意味では幸運である。両海峡は、トルコの領土縮小を招いたとともに、トルコの存続を可能にした。

スエズ運河*やパナマ運河*が国際運河であるのと同様、両海峡は国際海峡である。だが、NATO加盟国であるトルコは、海峡の管理権を取り戻し（一九三六年のモントルー条約）、それに伴い外交的な発言権を増した。ロシアの脅威に対する不安がヨーロッパに再び広がっていたという時代状況もあっ

た。海峡を通航できるのは原則として非潜水船舶だけだが、実態はそれにはほど遠い。

東西方向に関しては、海峡はトルコがEU加盟を求める大きな論拠となっている。まず、トラキア地域のトルコ領部分は地理的にヨーロッパにあり、イスタンブル（旧コンスタンティノープル）はかつての東ローマ帝国の都としてヨーロッパ史の一部をなす。加盟反対派の側は、トルコのヨーロッパ史というのは侵略の歴史にすぎず、トルコというイスラム世界は闖入者としてヨーロッパ大陸に存在するのだと主張する。この海峡の歴史は、視点に応じて、両岸の紐帯ともなれば亀裂ともなる。

トルコはこんにち、ヨーロッパの国であるという主張を強く打ち出せる立場にある。ボスポラス海峡は、カフカス*地域や中央アジア、さらには湾岸やイランの資源をヨーロッパに運ぶパイプラインを建設するうえで、理想的な経由地となるからだ。ヨーロッパは、ロシア産ガスの主要経由地であるウクライナとロシアの関係に振り回されずに済み、ひいてはロシアからの調達自体を減らすことができる。両海峡は再びヨーロッパの東西関係の焦点となっている。「黄金の門」というボスポラス海峡の異名の一つが、これほど現実味を帯びたことはないかもしれない。

36　デンマークのかんぬき——自在ドア？

デンマークとスウェーデンの間に位置し、エーレスン水道とスカゲラク水道からなる海峡群を指す（全長三二八キロメートル、幅三〜四八キロメートル）。

この海峡地帯は長らくバルト海の要地であり、両岸には多数の砦が建設された。冷戦中は、ロシア艦隊に対する西欧の北のかんぬきとなっていた。他方、ポーランド、フィンランド、バルト三国の商船はここを経由せざるを得ず、これら諸国にとってはEUと結ぶ生命線となる。ただし貿易に関しては、ドイツのシュレスヴィヒ地方にあるキール運河と競合関係にある。この戦略的に重要な海峡地帯を擁するデンマークは、実際の軍事力からすれば過大に思える役割をNATO内で担っている。他方、この地帯の安全保障は、スウェーデンの中立性に関する問題を提起する。

37　日本のかんぬき――錆びついた錠前?

日本海の出口をふさぎ、ウラジオストクのロシア艦隊の出撃を邪魔する海峡の集合を指す。南の対馬海峡〔長さ九七キロメートル〕、日本とサハリン〔樺太〕の間のラ=ペルーズ海峡〔宗谷海峡〕〔長さ四〇キロメートル〕など。

一九四五年、米ソ対決という状況の必然的な帰結として、日本は米国の確実な同盟相手、東アジア*における実戦基地、ロシア艦隊の出撃の牽制拠点となった。日本の貢献は長らく地理的な位置だけに限られ、軍事的な手段は米国が提供した。日本はこうして、他に韓国、台湾、フィリピンからなる米国の前方防衛体制の拠点となった。その一方で、台湾に対する北京の圧力、ロシアの国力の回復、北朝鮮の核開発によって地域の緊張が高まっており、日本は慎重に再軍備政策を進めている。

このかんぬきは確かだろうか。中国の経済成長とシベリアの資源を追い風に、日本は大陸との接近を強めている。

38 マラッカとインドネシアの海峡群（ロンボク、スンダ、マカッサル）――中国と米国の「グレート・ゲーム」の鍵

インド洋＊と太平洋＊の間に位置する海峡群。

世界の海上貿易の過半数がマラッカ海峡に集中している。この海峡は、漏斗の形で九五〇キロメートルにわたってマレーシアとスマトラ島を隔て、シンガポール近海のフィリップス水道を終端とする（幅二・八キロメートル、水深二五メートル）。視界が悪く、海賊（強盗あるいはテロ）の危険性もあり、この海峡は高リスクになりつつある。しかし米国防総省によれば、たとえ一時的にでも海峡を閉鎖すれば、マラッカを迂回するルートを取らざるをえず、世界の石油タンカーの四分の三が立ち往生するという。

代替ルートはいずれも完璧ではない。スマトラ島とジャワ島を隔てるスンダ海峡は、マラッカ海峡より幅広だが水深が浅く、現在はほとんど利用されていない。一〇〇〇キロメートル東方、ボルネオ島とスラウェシ島の間にあるロンボク海峡と、その延長のマカッサル海峡は、完全に航行可能であり、豪州を出港した大型タンカーや鉱石船の利用が増えている。とはいえ、シンガポールから離れていること、組織的な海賊行為が増大していることから、コンテナ船には不向きである。最近のものとしては、タイ南部（クラ地峡）を貫く海洋運河の構想がある。中国が出資を予定していたが、

二〇〇五年にドナルド・ラムズフェルドによって暴露され、欧米の環境保護派の猛反発が起きた。巨大石油パイプラインの構想もある。二〇〇七年にマレーシアが契約に調印し、二〇二〇年には輸送量の四分の一に対応する能力を見込む。

地域レベルで見ると、ここを通航する年間五万隻の船舶に加え、無数の漁船や沿岸貿易船の安全確保は、沿岸諸国の資金力を超えている。主要大国の支援は、不可欠でありつつも、地域諸国の不安材料にもなっている。インドネシアとマレーシア*は、米国と日本の恒常的な関与を拒否する立場を取る。海峡の出口では、インドのプレゼンス（ニコバル諸島）と中国のプレゼンス（クラ地峡、ココス諸島、ビルマ沿岸）が高まっており、中印対決の再燃が危惧される。唯一の例外がシンガポールで、マレーシアとインドネシアの抗議にもかかわらず、二〇〇二年に米海軍に広範な便宜を供与した。こうした緊張が、各国のメンツや域外大国への不信感とあいまって、一九九五年から急増している海賊に関する対策を妨げ、ASEANやAPECでの協力を損ねている。

世界レベルで見ると、マラッカ海峡は中国と米国の戦略対決の中核をなす。中国に物資を運ぶ船舶の自由通航の問題が、中国とインド、中国と米国の対決の焦点となるかもしれない。海軍の弱さを補強したい中国は、海峡の両側にプレゼンスをもつという「真珠の首飾り」戦略を開始した。これについて米国では脅威論が盛んだが、中国が利用できるのは若干の港湾施設とビルマの三つの偵察所ぐらいしかない。つまり、ワシントンがマラッカをかんぬきとして、タジキスタンから日本にかけて構築した「力の首飾り」とは比べるべくもない。米国の戦略はこれまでのところ、中国沿海部の高成長にもかかわらず成功し、中国は世界的な海洋パワーに直面する劣位の大陸パワーという地位に留め置かれてきた。北京の側は次善の策として、海軍強化の努力を続けつつも、大陸方面への迂回策を取り、ビルマや中央アジア、シベリアに目を向けている。

39 台湾海峡——中国の「ヴォージュのブルーライン」

中華人民共和国と一九四九年に台湾島に拠点を移した中華民国との間にある海峡。長さ一八〇キロメートル、幅一三〇キロメートル。

通航量は多いが、紛争の争点は水路ではなく、島の国際的地位にある。一九五四年〜五五年および一九五八年に、大陸近傍の若干の島（馬祖島、アモイ島、金門島）の支配権をめぐって起こった危機ののち、両者が相互に主張する「一つの中国」の原則に基づいた現状維持が定着した。米国はいずれの危機にも介入し、核兵器の使用をちらつかせた。一九七一年に同盟関係が転換されても（ニクソン訪中表明）、ワシントンの関与姿勢に変わりはなかった。一九七九年の台湾関係法は、「平和的」な再統一への米国への支持を再確認したものであり、台湾島の安全を無条件で保障したが、その他の島々については明言していない。一九八〇年代を通じて経済的に強化された中台関係は（台湾の対中投資は世界最大）、日本のナショナリズムに共同で挑むことで強化されている（釣魚諸島*の項を参照）。

一九九二年に台湾の民主化を促進した社会的、文化的な変化によって、中台間の均衡は再び揺らいだ。台湾人としての特殊性よりも、中国人としてのアイデンティティを上に置く国民党や大陸出身の守旧派は、現状維持を擁護した。国民党を独裁体制と同一視し、独立を求める台湾生まれの若年層は、民進党に引き付けられた。中国は海峡内において、台湾の港湾近傍でミサイル実験を繰り返すことで圧力をかけ、経済に混乱を招いた。それが重大な危機に至ったのが一九九六年である。ワシントンは艦隊を送り込んで断固たる姿勢を示したが、北京は沿岸部への中距離ミサイルの配備を敢行した（二〇〇七年に一〇〇〇基、その後も増強）。

二〇〇八年三月の選挙で国民党の馬英九が中華民国総統に選出されたことで、海運・航空に関する二〇〇八年十一月の合意に見られるように、中台関係は正常化の時期を迎えた。とはいえ、北京の指導層にとって台湾は、一八七一年以後のフランスにとってのアルザス・ロレーヌに匹敵する。この目標を断念するなどということは問題外である。

ヨーロッパの「辺境」の海峡

40 ジブラルタル──ヨーロッパの時代錯誤？

ヨーロッパとアフリカを隔てる海峡。英国の主権下にある人口二万八〇〇〇人の町。

ジブラルタルは、一七一三年に英国とスペインの間で結ばれたユトレヒト条約の遺制である。地中海*と大西洋*に対する英艦隊の重要な支配拠点の一つであり、第二次世界大戦時には、ドイツとイタリアの艦隊の連携を妨げるうえで決定的な役割を果たし、冷戦期には、ソ連の黒海艦隊の動きを牽制した。

こんにちでは、NATOの大規模な基地が置かれ、加盟諸国の原子力潜水艦が補給のために定期的に寄港する。マグレブ諸国に関するNSA〔米国家安全保障局〕やMI5〔英軍事諜報部〕の電子傍受・情報収集の拠点でもある。アフリカからの不法移民への対策の最前線でもある。

しかしながら、ジブラルタルの地位は、スペインと英国の外交的緊張の原因でもある。スペインが返還を求めるのに対し、英国は現状を凍結するような措置を取った。住民の同意なしに領土を移転してはならないという一九六九年のジブラルタル憲法の規定である。スペイン自身が他方では、モロッコへのセウタとメリリャの返還を拒否している点も、スペインの主張の根拠を弱めている。

英領チャネル諸島と同じく租税回避地であり、金融サービスを主体とするジブラルタル経済の透明性について、EUで批判が高まっている。

41 オトラント水道——ジブラルタルの小型版

イタリアとアルバニアの間に位置する海峡（「オトラント運河」とも呼ばれる。幅七〇キロメートル）。

EUの東方の境界線をめぐる議論の陰で、海上にも境界線があることは忘れられがちだ。あらゆる境界線と同様、海上の境界線もまた分断と紐帯を意味している。平和と繁栄を謳歌するEUと、危機に揺れ、戦争によって荒廃したバルカン*を隔てるという意味で、それは分断である。高速艇に乗ったアルバニアの密輸人が日常的に横断し、税関をかいくぐり、禁制品や人間を運搬しているという意味で、それは紐帯である。

灯火を消した闇夜の取引の危険があるだけではない。オトラントはヨーロッパ*の開放、あるいは遮蔽という問題を提起する。新規加盟の受け入れ基準をどのように設定すべきか、そこの住民を統合すればどうなるのかという問題も提起する。アルバニアがEUに統合されれば、この国のマフィアの活動は止むのだろうか。それとも、彼らの存在が、アルバニアの加盟にとって乗り越えがたい障害となるのだろうか。

42 パナマ運河——大西洋世界の希望？

大西洋と太平洋の間、アメリカの通路

大西洋*と太平洋*を結ぶ運河。長さ八〇キロメートル。一九一四年に開通。

世界の海上貿易の約五パーセントがパナマ運河を経由する。この運河は大西洋と太平洋の間、とくに米国両岸の間の商品輸送にとって死活的に重要である。それゆえ米国にとって極めて重要であり、その地域政策の大きな決定要因となってきた。一九〇三年にはコロンビアからのパナマの独立を後押しし、一九九九年十二月三十一日に返還するまで運河を管理下に置いた。カリブ海の制海権を押さえたことはいうまでもない。米国はこの運河をずっと国内の海路のように見なしていた。

アジア太平洋諸国の経済が抬頭したこんにち、とりわけヨーロッパ*やアフリカとの間の商品輸送に関し、パナマ運河の重要性はさらに高まっているといえる。未来は明るいように見えるが、こうした状況を攪乱しかねない要因もある。

第一に、パナマ運河には弱点がある。閘門《こうもん》式であり、悪天候の際には輸送が滞り、幅が狭いために現在のところ五万トン以下の船しか通れない。石油の輸送には使われず、四四〇〇TEU〔二〇フィート・コンテナ換算単位〕以上のコンテナ船は通れない。そのため、他の運河を〔ニカラグアに、あるいはテワンテペク地峡に〕掘ろうという計画が繰り返し浮上し、テワンテペク地峡では、パナマ運河と競合する横断道路の整備が進んでいる。二〇〇六年の国民投票で可決された計画は、こうした技術上の問題があるうえに、商船の平均規模が大型化しているという現状から生まれた。パナマ運河は二〇二五年までに拡張され、水位も高められ、一万二〇〇〇TEUの船舶の通航が可能になる予定である。

第二に、中国がラテン・アメリカ*に大々的な経済・外交攻勢をかけており、キューバ*はルルデス基地を中国に提供した。これまで問題が起こらなかったパナマ運河で、安全保障の問題が浮上するかもしれない。FARC〔コロンビア革命軍〕が活動しているという話もある。運河の二つの港湾の管理権が中国企業に与えられたことも、米国の不安を強めている。

大西洋と太平洋との連絡に利害関心のある米国その他の諸国は、気候温暖化によりカナダ北方に浮上した代替ルートについて、注意深く検討を重ねている。この北西航路は、これまでは通り抜けられなかったが、将来は年間を通じて氷のない時期が増え、安定的に利用できる可能性が見えてきた。赤道に近いパナマ航路による独占状態は終わることになるかもしれない。少なくとも中国北部や日本との距離に関しては、パナマ運河のほうが遠回りになるからだ。

43 ビーグル水道——論争から結束へ

チリとアルゼンチンの関係紛糾を引き起こした係争の対象となった水道。

ティエラ・デル・フエゴ諸島とパタゴニアの間にあるビーグル水道では、入り組んだ島々の帰属をめぐり、チリとアルゼンチンが争っていたが、教皇庁の見事な裁定によって一九八五年に国境が画定された。チリが大西洋*に関し、アルゼンチンが太平洋*に関し、領有主張を禁じられた結果、この運河と両国国境は、アンデス山脈の東西の関係を競合から補完に変えた。

第四章　パワーの対決地点——係争・紛争・妥協

　こんにち、諸々のパワーの間の係争の種となっている地点は他にもある。対決が軍事紛争に至る場合もあれば、妥協や分割に至る場合もある。ライン川*のように、戦争が繰り返された地点が新たな協力関係の象徴になることもある。

　そうした対決地点の地理的分布を見れば、現在の脅威がどの辺りに集中しているかがよくわかる。ロシア圏*は再編途上にある。アジアは中国の躍進によって不安定化している。ブラック・アフリカ*と中東では、宗教紛争、国家間紛争、民族紛争など、あらゆる紛争が絡み合って起きているうえに、原料資源の支配をめぐる対立がある。アメリカ大陸はそれらに比べればましだが、ヨーロッパ*は、一九八九年の再統一の余波が残り、西欧で地域主義が抬頭しているため、紛争にまったく無縁とはいえない。

ヨーロッパにおける対決地点

44　ライン川——武装境界から欧州協力へ

スイスのサン・ゴタールからドイツ、フランス、オランダを経て北海に至る大河。全長一三五〇キロメートル。

十八世紀末から一九四五年までは、第一にラテン世界とゲルマン世界の境界をなし、そのため仏独間をはじめとする多くの紛争の原因となった。その一方で、交通の要路であるため、国境を超えたライン文明の揺籃ともなった。

欧州統合構想が誕生すると、ライン川は当然のように加盟国間の紐帯となった。それは商品の輸送ルートであるとともに、ヨーロッパ*の風景の一部をなし、加盟国のほとんどを直接的に、あるいは支流（モーゼル川、マース川）を通じて結び付けていた。昔から整備され（中世における流速の緩和や、堤防の強化）、さらに十九世紀には流域に運河網が張りめぐらされていたことで、ヨーロッパの中核に位置していた。ベルリン*に向かってはミッテルラント運河が通じ、モーゼル川には鉄鉱地帯ロレーヌに向かう運河が設けられ、一九九二年にはライン川からドナウ川に至る運河が開通した……。唯一欠けているのは、ローヌ川に通じる近代的な運河である。フランスが計画したが、環境保護派の圧力で断念した。五〇〇〇トン級の船が（バーゼルまで）通航可能なライン川には、世界最大の河港があり（デュースブルク）、物流量は三億トンに達する。両岸に高速道路が設けられ、沿岸に鉛管や鉄道が走る世界経済の大動脈の一つである。

ＥＥＣ〔ヨーロッパ経済共同体〕がライン川を中心に構成されたのは当然のことであり、決定中枢（ストラスブール、ブリュッセル*、ハーグ）は相互に近接した位置に置かれた。ライン文明という象徴がすでに存在していたことで、統一ヨーロッパという夢は現実味をもった。鉱山地帯がライン川流域にあったことで、鉱業分野での協力が促されたと考えてよいだろう（それが最初にＥＣＳＣ〔欧州石炭・鉄鋼共同体〕

が創設された理由の一つかもしれない）。ＥＥＣの最大の意義は、昨日の敵同士の境界線を決定的に取り払ったことにある。

ＥＵの拡大に伴って、ライン川だけでなく地中海、*バルト海、ドナウ川の重要性が増したことで、この南北の基軸は弱まっていくのだろうか。ＥＵはこれまで欠けていた東西の交通網の整備を重点的に進めており、旧来の南北ルートは、過去の地理決定論の遺物と見られるようになるかもしれない。石炭産業と金属産業の衰退も、ライン川流域の経済的重要性を低下させている。

45 オーデル＝ナイセ線——時代に追い越された過去の境界線？

ドイツとポーランドの国境。一九四五年にヤルタ会談とポツダム会談によって、オーデル川とナイセ川に沿って引かれた。

ここに国境が定められたことで、ポーランド領は西方にずれることになった。合わせて一〇万平方キロメートルに及ぶポメラニア*とシレジアは、（ドイツが一九一九年に失い、ポーランド人口が大半を占めていたポズナニと違って）ヒトラー政権まではドイツ東部に属していた。ポーランド国境の西進は、この国を共産主義よりも効果的なやり方で、地政学的にソ連に括り付けることを目的としていた。と同時に、カーゾン線以東のポーランド領のソ連への併合を正当化する働きもした。

オーデル＝ナイセ線は、強力なドイツ人避難民組織からは承認されていないが、ドイツの東方政策と一九七〇年代初頭のヘルシンキ安全保障協議を通じて、画定国境として両国によって承認され、一九九〇年に統一ドイツによって再承認された。ポーランドが二〇〇四年にEUに、さらに二〇〇七年にシェンゲン協定に加盟すると、オーデル＝ナイセ線はもはや境界線ではなくなった。これをまたいだユーロリージョン協力も推進されている。

46 ポメラニア——地理は歴史を打ち破れるか？

バルト海南部の沿岸地域。東ドイツ北部からポーランド西部にかけての一帯。

東西に大規模な移民の流れがあり、低迷産業がさらに移民を生み出しているなかで、ポメラニアは活発なユーロリージョンとなる可能性をもっている。統一ドイツによるオーデル＝ナイセ線*の承認と、二〇〇四年のポーランドのEU加盟が追い風だ。だが、歴史の痕跡は消え去ってはいない。ドイツの側には、一九四〇年代のドイツ人追放の補償問題がある。両国政府の間では解決されたとはいえ、ナショナリスト勢力の伸長を引き起こしている（二〇〇六年のメクレンブルク・フォアポンメルン州選挙では極右の得票が八パーセント近くに達した）。ポーランドの側では、一部の政治家が戦争賠償の問題を頻繁に持ち出す（二〇〇四年には国会決議がなされた）。

47 カリーニングラード——飛び地は自由たりうるか？

面積一万五〇〇〇平方キロメートル、人口一〇〇万（ロシア系が八割）のロシアの領土。プロイセン時代はケーニヒスベルクと呼ばれた。カントが生まれた町。

一九四五年にスターリンによってソ連に併合された。ソ連消滅後は、ロシアから六〇〇キロメートルの彼方、ポーランドとリトアニアの間の飛び地となっている。本土との間の交通が問題となっている。EUが密輸と不法移民を懸念するのに対し、関係が絶たれれば事実上の独立分離状態になるのではないかとロシアは危惧する。欧露間で二〇〇二年に合意が交わされ、住民がロシアに行きやすくなる通行証の制度が設けられた。海運業の飛躍的発展に伴い、カリーニングラードはバルト海の香港となることを夢想できるかもしれない。

カリーニングラードは地理的に特殊な位置にあるだけでなく、本国から見て飛び地という論理に従属する。ソ連時代には、立入禁止とされた海軍基地が設けられた。二〇〇八年には、もし米国が中欧にミサイル防衛システムを設ければ（オバマ政権が二〇〇九年に計画を中止）、ここに核兵器を配備するとロシアは恫喝した。

48

バルカン——東洋に汚染されたヨーロッパ[1]

狭義では、ブルガリアを東西に貫く山脈を指す（語義的には「山」の意）。そこから広く、ドナウ川の南部、ドリナ川の東部に広がる地域全体を「バルカン半島」と呼ぶようになった。

（1）S. Yérasimos, in Y. Lacoste, *Dictionnaire de géopolitique*, Paris, Flammarion, 1995.

この地域には強烈な個性がある。山岳地帯と地中海*の影響によって形成された自然環境。ギリシアを（一応は）除いた全域に及んだスラヴ民族の侵攻。ビザンティン文明とオスマン帝国支配の遺産……。

バルカン諸国の中でも、こうした混交と多様性を象徴するのはマケドニア*だろう。多品目料理〔サラダ〕の名前になっているほどだ。バルカンの基本をなすのは正教とスラヴ民族だが、多数の民族マイノリティ、宗教マイノリティもいる。

十九世紀に民族自決の原則が勃興すると、オスマン帝国はアジアに押し返され、バルカンは再びヨーロッパに組み込まれたが、その辺縁にとどまった。こんにちでも多くのセルビア人やギリシア人はそう感じている。

その一方で、複雑に入り組んだ民族構成が、民族自決の原則とあいまって、バルカンは動乱に満ちた地域となる。火薬庫になぞらえられるほどであり、第一次世界大戦の直接の引き金にもなった。第二次大戦以後、共産主義体制下でマイノリティの問題は未解決のまま凍結された。それが一九八九年以後、とりわけ旧ユーゴスラヴィア地域で、紛争が多発した原因である。

こんにちでは、まったく方向性の異なる二つの政策のもとで、一定の鎮静化が見られるように思われる。一つはEUの政策であり、各国に対して加盟の条件として、マイノリティの尊重を求めている。もう一つはナショナリスト勢力の政策であり、民族の分離を（時には民族浄化すら）唱えている。一九二三年にギリシアとトルコ*の間で実施されたマイノリティの相互移送が、最終的には両国の緊張緩和を促したことは事実だろう。

49 コソヴォ——鶫《つぐみ》が原か、白鳥の歌か？

面積一万一〇〇〇平方キロメートル、一九九〇年代初頭の時点で人口二〇〇万（九割がアルバニア系、一割がセルビア系）。

コソヴォはセルビア人にとっては、自国の揺籃であるとともに、オスマン帝国に敗北した一三八九年の「鶫が原」の戦いという苦難の記憶の地でもある。ユーゴスラヴィア時代の一九七四年に、チトーによって自治州の地位を付与された。しかし、分離の権利を伴う共和国の地位は付与されなかった。民族間の緊張が高まった結果、一九八〇年代末のミロシェヴィッチ共産党政権が、セルビア・ナショナリズムの方向に舵を切った。旧ユーゴ戦争は一九九五年のデイトン協定で終結するが、コソヴォは忘れられ、セルビアによる民族浄化を被った。欧米諸国は一九九九年に、人道的状況の重大性に突き動かされて介入する。彼らは地域の安定への影響を懸念するとともに、イスラム系住民の権利に無関心だと見られることを避けようとした。セルビアに対するNATOの介入（創設以来初めての宣戦布告）が勝利に終わったことで、コソヴォは国際管理下に置かれた。しかし、民族間の和解も、一方的に宣言された独立に替わる解決も、成し遂げられてはいない。二〇〇八年の独立宣言は、米国と多くの西欧諸国の後押しを受けたアルバニア系ナショナリスト勢力によって敢行された。

独立の争点は三つのレベルにわたる。地域レベルでは、地域の不安定化により、民族集住を大義名分として、大アルバニア（マケドニア*のアルバニア系マイノリティも含むことから、内戦が再燃しかねない）や大セルビア（ボスニアのセルビア人地域とコソヴォ北部を併合）が形成される可能性がある。「東西関係」

のレベルでは、スラヴ系で正教を奉ずる同盟国セルビアを見放そうとしないロシアと、欧米諸国との関係を冷却させる可能性がある。ヨーロッパ*のレベルでは、民族性に依拠したヨーロッパの新たなバルカン化を引き起こす可能性がある（このため、スペインやルーマニア、キプロス*は独立を承認していない）し、すでに二〇〇八年の時点でモスクワにより、グルジア*に対抗する南オセチアとアブハジアへの軍事支援の根拠に使われている。二〇一〇年現在、コソヴォ独立を承認したのは六〇か国ほどにすぎない。

50 マケドニア――双頭国家

面積二万五〇〇〇平方キロメートル、人口二〇〇万の共和国。ユーゴスラヴィアの崩壊により一九九一年に成立。国際機関では暫定的に「マケドニア旧ユーゴスラヴィア共和国」（ＦＹＲＯＭ）を名乗る。ここには二つの地政学的な争点がある。

一つ目は、人口の三分の一を占め、アルバニアやコソヴォ*に隣接する地域に集中しているアルバニア系マイノリティである。マケドニアの内戦が短期間で終結し、二〇〇一年にオフリド協定が結ばれて以降、いずれの民族も憲法上、行政上、また言語に関して、同等の地位を享受するようになっている。とはいえ、二〇〇八年のコソヴォ独立宣言により、大アルバニア形成のリスクが復活している。

二つ目は、ギリシアと対立している国名問題である。ギリシアの目には、古代のアレクサンドロスの王国の名を用いるのは、ギリシア国内のマケドニア地方を併合し、海への出口を手に入れようという止みがたい意向があるからだと映っている。ＦＹＲＯＭのＥＵおよびＮＡＴＯへの加盟プロセス続行に関して、アテネは拒否権を行使した。とはいえ、この国が安定し、国内諸民族の和解が定着するかどうかは、ヨーロッパ統合の見込みに大きく左右されることになる。

51　エーゲ海――トロイ戦争は再現せず？

東地中海のうち、ギリシアとトルコ*の間に位置する部分。トルコの諸海峡の出入り口となる。

エーゲ海は、二十世紀におけるギリシアとトルコの軋轢の象徴である。一九二二年から二三年の戦争の結果、大量の住民が移住を余儀なくされ、トルコに有利な領土交換が行なわれた。双方に残留したマイノリティの権利尊重の問題が起こり、海上国境が争われ、一部の島は軍事化された。一九五二年に両国がＮＡＴＯに同時加盟したことは、キプロス*問題の存在にもかかわらず、紛争が直接的な対決に転ずるのを回避するのを助けた。さらに二〇〇〇年代に入ってからは、ギリシアがＥＵの周縁にとどまることを望まず、トルコがＥＵ加盟を望んでいることもあり、両国関係は好転している。

国境の海であるエーゲ海は、豊かな経済関係を築き、人的関係を深める水域となる可能性を秘めている。一九九九年にそれぞれの国で起きた地震に対して、両国が相互に同情を表明したことは、エーゲ海というアイデンティティが浮上していることの象徴である。

52　キプロス――一つの島、二つの民族、いくつの国家？

面積九二〇〇平方キロメートル、人口八〇万の地中海*の島。位置は地中海だが、伝統的にアジア大陸に含められる。

旧英領から一九六〇年に独立。八割がギリシア系、二割がトルコ系からなり、二民族制を国家編成の基準としたが、一九七四年にギリシアの軍事政権を黒幕として、エノシス（ギリシアとの統合）の実現を企てるクーデタ未遂事件が起こり、トルコ軍が介入して全土の三五パーセントを占領した。大量の住民が移転を余儀なくされ、キプロスは「アッティラ・ライン」とも呼ばれるグリーンラインによって分割されることになる。一九八三年には北キプロス・トルコ共和国の独立が宣言されたが、国際的にはトルコ以外は承認していない。*

二〇〇〇年代初めになると、キプロスとトルコのEU加盟の展望により、キプロス問題は新たな段階を迎えるようになる。トルコはもはや、北キプロスを併合すると恫喝することはできない。加盟に不利となるからだ。ギリシアはアンカラとの関係を改善する準備がある。軍事費を削減したいからだ。キプロス問題を取り巻く状況は変わったが、しかし打開には至っていない。二〇〇四年には、再統合に関するアナン案〔国連事務総長案〕が提示される。孤立と貧困からの脱出を望んだ北キプロスは承認した。しかし南キプロスは大差で否認した。同案には避難民の財産の全面返還の規定がなく、また単独で（二〇〇四年五月一日に）EU加盟を果たしたことで、将来の協議に強い立場で臨むことができるようになったからだ。

二〇〇三年にはグリーンラインが開放された。トルコはEU加盟交渉を継続している。二〇〇八年には南キプロスで、民族分断を乗り越えようとする共産主義者の大統領が選出された。しかし、こうした変化は現在までのところ、東地中海における「文明の衝突」とも、また（妥当と言ってよいのかわからないが）地政学上の齟齬とも見られる事態、すなわち島の分断を回避するには至っていない。

53 マルタ――洋上の辺境？

シチリア島とチュニジアの間に位置する地中海*の島国。面積三一六平方キロメートル、人口四〇万。

マルタは十字軍からも、ナポレオンからも、旧宗主国の英国からも（独立は一九六四年、以後も英連邦に残留）、東西南北をにらむ戦略的なかんぬきと見なされていた。マルタはこんにちでは、アフリカからの不法移民の入り口になっているようだ。ただし、二〇〇五年には二万三〇〇〇人ものボート・ピープルが上陸した近傍のイタリアの島、ランペドゥーザほどではない。

二〇〇八年にユーロ圏に加わったマルタ共和国は、ヨーロッパ*とアラブ圏を結ぶ紐帯の役割を狙っており、バルセロナ・プロセス＝地中海連合をはじめEU＝地中海関連の会議には必ず参加している。軍事的に中立で、言語はアラビア語とイタリア語の混成、リビアと良好な貿易・政治関係を伝統的に維持、という格好の条件が揃っている。

54 アイルランド――宗教戦争・民族戦争・社会戦争

面積八万四〇〇〇平方キロメートル、うちエァラとも称するアイルランド共和国が七万平方キロメートルを占める島。残りは北アイルランド、すなわち歴史的にアルスターとよばれる地域の主要部分をなし、英国に組み込まれている。

アイルランド問題は植民地化の結果として見ることができる。十七世紀に完了したアイルランドの植民地化は、言語（ケルト系言語か英語か）、宗教（カトリックかプロテスタントか）、社会のいずれの面でも強い特徴をもった二つのコミュニティの亀裂を深めた。独立戦争が短期間で終結し、島の分割という形で一九二一年に脱植民地化が実現されたことは、対立を激化させる方向にしか働かなかった。ただし対立の舞台は、多数のカトリック・マイノリティを擁する英領北アイルランドに限定されるようになった。アイルランド共和国（カトリックが九割を占め、ゲール語と英語が公用語）は島の再統一を求め続けたが、その地政学的な帰結は、英連邦への不参加、第二次世界大戦での連合国への不参加、NATO非加盟といったことに限られた。

アイルランド問題は一九六九年に北アイルランドで再燃する。以後、低強度紛争が続き、ハンスト、テロ、警察あるいは軍の弾圧により、一九九八年までの間に三五〇〇人の死亡者が出た。派手な事件も起きている。一九七九年には、カトリック・ナショナリスト組織ＩＲＡ〔アイルランド共和軍〕により、マウントバッテン卿が殺害された。一九七二年には、英軍によるカトリックの虐殺が起きた。血の日曜日事件と呼ばれる。平和が回復されたのは、一九九八年四月にアイルランドと英国の間で「聖金曜日合意」が結ばれたことによる。合意の骨子は、自決権の付与、地方議会と地方政府の創設、北アイルランドの将来に関する両国間の直接対話の制度化である。プロテスタント、カトリック双方の民兵が武装解除したことで、二〇〇七年には、北アイルランドの選挙で大々的な支持を得た二つの急進政党、ゲイリー・アダムズ率いるカトリックのシン・フェインとプロテスタントの牧師イアン・ペイズリー率いるDUP〔民主統一党〕の間で、統治に関する合意が成立した。
この「果断な和平」は、アイルランド問題の一種の国際化なくしては不可能だった。ブレア政権は、ウェールズおよびスコットランドへの権限移譲を受け入れ、アイルランド問題に関しても姿勢を変化させていた。そして、アイルランドのナショナリズムは、「ケルトの虎」と呼ばれた奇跡的な経済発展を遂げ、誇りを回復したことで緩和されていた。さらに、アイルランド系の米国人〔ジョージ・ミッチェル特使〕が、IRAのテロ行為をもはや許さず、和平を推進する活動を展開した。二つのアイルランドの境界線は、二十世紀初めに比べて両者の活力が逆転するなか、ダブリンが二〇〇八年の金融危機に見舞われつつも、社会的・経済的な境界線という色合いを強めている。二〇一〇年二月にロンドンからベルファストへの司法・警察権限委譲に関する合意が成立したアイルランドは、近年まで「ホット」な境界、あるいは俗にいう文明間の境界が、乗り越えられることを示す実験場となるかもしれない。

55 ベルギー――バルカン化した平地国？

面積三万平方キロメートル、人口一〇〇〇万人の王国。

ベルギーは、一九九三年に三つの地域（ブリュッセル*、フランデレン、ワロニー）からなる連邦となったが、にもかかわらず、EU諸国の中で最も解体の脅威にさらされている。有権者の支持を伸ばしているフランデレンの分離主義のためであり（フランデレンでは二〇〇七年の選挙でフラームス・ベラング党が一九パーセントを獲得）、一八三〇年以来のベルギーの歴史、そして現在のEUが背景にある。フランデレン系住民は、長らく人口が劣勢で、社会・経済の面でも政治の面でも冷遇されていた。そのため、人口が多く、工業化が進み、十九世紀を通じて支配的エリートが輩出したワロン系住民に対して、意趣返しをしたいと考えていた。それがこんにち、フランデレンの一部が豊かになり、ワロニーが一九七〇年代の工業不況から立ち直れずにいるなかで可能となった。他方、EUの建設とグローバリゼーションによって国民国家が弱体化し、地域単位のミクロなナショナリズムが各地に出現している。フランデレンの分離主義は、文化や言語の独自性を守ろうとする動きであるとともに、中央政府に「しがみつく」後進地域にカネは出したくないという動きとしても解釈できるものだ。

とはいえ、決定的な解体を妨げる要因も多々ある。国民の大半は君主制に信頼を置いている。フランデレンが独立しても、EUの首都たる世界都市ブリュッセル（住民の八割がフランス語系）は抜きになるだろう。居住地構成の入り組んだ地区もある（ブラバント）。ワロン系住民は、フランデレン系住民と交渉中の「新たな」連邦制が、象徴的な分離というよりも地政学上の形容矛盾にしかならず、ボスニアのように二つの民族が何も共有することなしに共存する国家連合的国家にしかならないのではないか、と危惧している。

56 カタルーニャ――一つのジェネラリタート、いくつかの例外?

スペインの一七州の一つ。面積三万二〇〇〇平方キロメートル、人口七〇〇万。

カタルーニャのジェネラリタート〔政府〕は、ヨーロッパ*における地域ナショナリズムの抬頭の例証と見ることができる。歴史を通じて、地域アイデンティティの根拠は地域ナショナリズムに求められる。十三世紀から十五世紀まで、バルセロナを中心としたアラゴン王国が西地中海で隆盛を誇った。フランコにより中央集権化される以前、一九三二年から三九年にかけては、自治権を共和政府に認めさせた。カタルーニャのナショナリズムには、言語の固有主義という要因もある。カタルーニャ語は、同じロマンス語系でもカスティーリャ語〔標準スペイン語〕とは異なる言語である。経済的に豊かで活発だという要因もある（スペインのＧＤＰの二〇パーセント、人口の一六パーセント）。またカタルーニャは、ヨーロッパの地域政策に積極的に参画し、フランスのラングドック・ルシヨン地方およびミディ・ピレネー地方とともに地中海ユーロリージョンを構成している。

ただし、カタルーニャのナショナリズムには、穏健で漸進主義を取るという大きな特徴がある。中央で政権交代がある度に、カタルーニャは連立交渉のキャスティング・ボートを握ることで、新たな権限移譲を獲得してきた。州政府では左右を問わずナショナリストが多数派である。二〇〇六年には、カタルーニャに「ネーション」の地位を与え、文化政策と税制に関する権限を拡大するという自治憲章改定案についての住民投票が、賛成という結果になった。さらに、バルセロナ政府は、カタルーニャのアイデンティティを対外的に確立するための「準外交」を展開してきた。たとえば「ヨーロッパ志向カタルーニャ経営者団体」*がブリュッセルでロビー活動を行なっている。二〇〇六年の憲章に基づいて、ＥＵ諸機関における権限も拡大されている。

57 バスク――分離主義抜きの自由？

国境を越えてフランスの三つの地方（ラブール、バス・ナヴァール、スール）とスペインの四つの地方（ビスカヤ、ギプスコア、アラバ、ナバラ）にまたがる一帯を指す。面積二万一〇〇〇平方キロメートル、人口およそ三〇〇万。

バスク問題はとくにスペインの側で起こっている。フランス側のピレネー・アトランティーク県では、ナショナリスト勢力への支持は弱い。独立を求める地下組織イパレタラク（「北の空」の意、一九七三年に出現）の活動も、一九五九年に結成されたスペイン側の組織ＥＴＡ〔バスク祖国と自由〕に比べてはるかに少ない。他方、エウスカディ〔バスク〕は、一九七九年以降スペインの一七の自治州の一つをなし、権限が最大の三州の一つ（他はカタルーニャ*とガリシア）でありながら、ヨーロッパ*の中で地域ナショナリズムが最も激しく噴出する地点の一つとなっている。ＥＴＡが繰り返しテロ事件を起こし、非合法ナショナリスト勢力の政治部門（二〇〇三年に解散させられたエリ・バタスナ）が選挙でかなりの得票を挙げるという状況である。

バスク問題が急進化した理由はいくつもある。エウシカラ〔バスク語〕が、現在ヨーロッパで用いられている言語のうち最古で、インド・ヨーロッパ語系ではないことから、文化の固有主義が極めて強い。ナショナリスト運動の歴史は古く、十九世紀にさかのぼる。フランコ政権下では、テロと弾圧という暴力の循環によって、独立派が過半とまでいかずとも、スペインの中央集権主義と対峙するバスク人の連帯感が養われた。ナバラ地方とフランス側のバスク地方では、自分たちの権利を尊重する国民国家への忠誠心が育まれたが、それに対してＥＴＡは独立志向が強く、保守的で合法路線を主張する者が大半を占めるバスク国民党との競合もあって急進化した。急進勢力の意図は、革命戦争を起こし、スペイン政府に弾圧を実施させることで、バスク人に広範な被害者意識を作り出すことにあった。しかしそれは、紛争にうんざりした市民社会には受け入れられなかった。

アメリカにおける対決地点

58 米墨国境——新たな「鉄のカーテン」？

米国とメキシコの間の陸上国境。全長三二〇〇キロメートル。

紛争に満ちた過去をもつ。米国が十九世紀にはメキシコ領の併合を重ね、二十世紀には政治的・軍事的な介入を繰り返した。不法移民の通過点でもある。だが、こうした対立を乗り越えることを意図して、国境の南北を結び付ける地域統合に関する初の協定であるＮＡＦＴＡが、一九九四年に発足した。米国にとってのＮＡＦＴＡの第一の意義は、すでに設置していたマキラドーラ〔保税加工区〕に加えた移民対策とすることにある。マキラドーラは、メキシコ側の安いコストでの生産を可能にする仕組みである。第二は、大陸規模の消費市場を将来的に作り出すことである。

しかし米国の側では、この陸上国境の管理が再び強化されるようになる。不法移民と麻薬密輸、九・一一事件やヒスパニックの犯罪を受けての治安強化、生まれつきの米国人といった考えの抬頭などが背景にある。国境を警備する民兵団が急増し、一二〇〇キロメートルにわたって壁が建設され、軍用ハイテク技術（無人偵察機）が用いられるようになった。

とはいえ、この国境を移民に対するマジノ線と見なすことには、三つの点で矛盾があるといえる。第一に、米国の農業や観光業は労働力を必要としている。また、両国間にまたがる都市群の存在（エル・パソとシウダード・フアレスなど）に見られるように、相互依存関係が存在する。第二に、国民所得の一部を移民からの仕送りに依存するメキシコの安定化につながらない。第三に、米州自由貿易地域（FTAA）の構想とも矛盾する。

59 キューバ――フルシチョフの言う「米国のパンツの中のハリネズミ」？

面積一一万平方キロメートル、人口一一三〇万の島。

キューバは、ラテン・アメリカを地政学上の裏庭にしようという米国の企図を例証する。一八九八年に米国の介入によってスペインから解放されたものの、プラット修正条項*によって米国の保護下に置かれた。同条項は一九三四年に放棄されたが、その後も米国はキューバを牛耳った。それが終わるのは、フィデル・カストロがバティスタ独裁政権を打倒した一九五九年のことだ。しかし、グアンタナモ米軍基地は維持された。

以後、キューバの共産政権はイデオロギーの上でも地政学の上でも、アメリカ大陸の中で異例の存在となった。この政権の驚くべき長期化には四つの理由がある。第一は、ソ連がカストロ政権を庇護したことだが、一九六二年のミサイル危機で露呈されたように、カストロ政権は東西関係の膿の噴出口とされた。第二は、経済制裁の社会的影響や、一九六一年にピッグズ湾に上陸した反カストロ派への支援のような、米国の失策である。第三は、国民を規律し、反体制派を弾圧したことだ。第四は、ヨーロッパ*の一部の左派の支援である。さらに一九九〇年代以降は、カストロ主義の二つの要素である反米と反自由主義を掲げるラテン・アメリカの左派が抬頭したことで、キューバの地政学上・イデオロギー上の孤立が緩和された。

しかし、保健や教育の分野では異論の余地なき成功を収めたとはいえ、体制が抑圧的で、経済発展の見込みもないキューバはもはや、チャベスのベネズエラやルーラのブラジルのような、米国モデルにかわる参照軸とはなっていない。フィデルが引退し、弟のラウルが政権に就いた現在では、三通りのシナリオが考えられる。一つ目は東欧型の崩壊であり、マイアミ在住のキューバ人ロビーの間で一定の支持がある。二つ目は北朝鮮型の暴走、三つ目は中国型の市場社会主義の導入である。

60 チアパス——時代錯誤な叛乱か、ポストモダンな叛乱か？

メキシコ連邦の州。面積七万五〇〇〇平方キロメートル、人口四〇〇万超。

チアパスは一九九四年以来、叛乱の拠点となり、次いでＥＺＬＮ〔サパティスタ民族解放軍〕が推進する対抗社会の試みの拠点となっている。メディアによく知られたＥＺＬＮ指導者は、当時も現在もマルコス副司令官である。チアパス危機にはさまざまな側面がある。第一に、先住民主義。州人口のほぼ四割を占める先住民に、文化、政治、社会・経済の面で誇りを取り戻させようということだ。第二に、農本社会主義。解放の神学に近いカトリックの思潮を背景とする。第三に、反米的な、広くは反グローバリズム的な感情。蜂起の日としてNAFTAの発効日が選ばれたことも、それを示している。

61 オリエンテ地域――天然ガスとインディオ問題

ボリビアの東部地域。面積七〇万平方キロメートル、人口およそ三三〇万。

オリエンテ地域は、農業（大豆）と石油・ガス資源によって、ボリビアの経済発展と人口増加の中心地となった。石油とガスの開発契約に関し、二〇〇六年にモラレス政権が国有化や再交渉を決定したことで、地政学上の問題が再燃している。第一に、農地改革の動きに神経を尖らせていた地元エリート層によって主導され、二〇〇八年の住民投票で賛成の結果となった自治権拡大運動がある。その背景には、エネルギー収入が貧困層の、とりわけ先住民のための多額の出費に回されるのではないかという懸念がある。第二に、モラレスのエネルギー政策は、ブラジル企業ペトロブラスと利害衝突を起こしている。同社はボリビア産ガスによって、ブラジル国内需要の過半を満たしているからだ。その意味で、この国の資源国有化は、地域の指導権をめぐるラテン・アメリカ*の二つの左派の亀裂を深めている。一方はボリビアとそれを支援するベネズエラ、もう一方はブラジルとアルゼンチンである。

62 マルビナス（フォークランド）——帝国の盤石な破片？

アルゼンチンの沖合に、一万二〇〇〇平方キロメートルにわたって広がる島嶼群。ホーン岬とドレイク海峡の入り口に位置する。

マルビナス（英国による呼称はフォークランド）は、英国の主権に属する一方で、アルゼンチンが領有を主張している。一九八二年に戦争となるが、短期間で終結した。アルゼンチンの側では、疲弊した軍事政権が、内政問題から国民の目を逸らそうとした。英国の側では、サッチャー政権が、主要大国としての復活を世に知らしめるとともに、原子力潜水艦の戦略ルートを押さえたいと考えた。

英国の勝利は、アルゼンチンの民主化を促すという結果をもたらした。それはまた、アルゼンチンに味方したソ連に対し、大西洋同盟〔NATO〕の結束の表われでもあった。他方、ラテン・アメリカ*諸国は、ワシントンが同じOAS加盟国のアルゼンチンではなく、英国を支持したことに失望した。

マルビナスはこんにち、現地住民が本国を支持するという状況のもとで、帝国の破片が脱植民地化の論理の埒外にあることを示している。とはいえ二〇一〇年には、沖合の石油資源をめぐって英国とアルゼンチンの緊張が高まった。この種の領土は、戦略的資源が争われたり、難局にある政権（ここではキルチネル夫妻）が新たな正統性獲得のために利用したりすれば、不満のはけ口にされる可能性が依然としてあるということだ。

63 南シナ海――龍が泳ぎを学ぶ時

中国南方に位置する半閉鎖海であり、「地中海*」になぞらえることができる。広さ三五〇万平方キロメートル。水深は浅い。

中国では南海と呼ばれ、英国で南シナ海と命名された。東南アジアと二つの中国を結ぶ。周囲にホット・スポットが多々あるうえに（台湾海峡*、マラッカ海峡*、ミンダナオ島*、インドネシア*）、南シナ海自体も、海洋に向けた中国の野心を反映する緊張地帯となっている。地域経済上の争点は漁業、そして北海と同規模の埋蔵量一七〇億TOE〔石油換算トン〕にのぼる石油・ガス資源である。世界的戦略地政学上の争点は、海上貿易の監視である。ヨーロッパ向け工業製品の大半と東アジア向け石油・ガスの八五パーセントがここを経由する。北京とワシントンにとって、地域支配の要である。

紛争は、パラセル〔西沙〕諸島と、スプラトリー〔南沙〕諸島に集中している。前者は海南島南方、南緯一七度地点にある二〇ほどの島嶼群であり、後者はフィリピンとパラセルの中間地帯に四五万平方キロメートルにわたって点在する一五〇の環礁と島からなる。二つの中国が、二千年来の覇権を根拠として、「九段線」により全域の領有を主張している。これによれば、他の諸国には細い帯状の領海しか残らなくなる。国民党時代の一九四七年から、中国はこの海域を海上国境として主張し、一九九二年には立法化した。ヴェトナムもまた、フランスがパラセルとスプラトリーを併合し、一九五四年のジュネーヴ協定によって南ヴェトナムに事実上譲渡したことを根拠として、全域の領有を主張している。

現状維持が破られたのは一九七四年のことである。米国の後退に乗じた中国が、パラセルから南越軍を追い出した。中国にとっては二つの効果がある。トンキン湾の入り口を支配することと、スプラトリーに向けた踏み台を手にすることだ。統一後のヴェトナムは、この強引な行動を非難した。スプラトリーで衝突が繰り返され、ハノイは一九八八年に戦艦一隻を失った。北京は数百人規模の基地を建設した。一九七五年以降、中国の政策に刺激されて、マレーシア、フィリピン、ブルネイもスプラトリーの一部について領有を主張するようになった。一九八六年以降のEEZ画定作業によって、地域内の緊張は高まった。現在から振り返ると、一九八〇年代と九〇年代の衝突は、九二年に開始された駆け引きのための足場作りのように見える。

インドネシアが妥協案として「ドーナツ方式」を提案している。EEZは自国沿岸付近だけに限り、スプラトリーの大半を含む真ん中の部分は公海とする、という案である。中国にとっては受け入れがたい。北京は囲碁のやり方を踏襲して、スプラトリーを拠点に日本と韓国の物資調達を威嚇することで、マラッカ海峡の米国支配と均衡を取っている。もし中国と米国の間に紛争が起きた場合、これは戦略上の重大な脅威となる。

中国は一九九六年に「新安全保障観」を表明し、二〇〇二年には、二国間協定の基礎となる「南中国海各側行為宣言」に調印した（ヴェトナムとの二〇〇〇年の協定に続き、二〇〇五年にはフィリピンを交えた三国間の覚書が成立）。こうした流れは中国の利益に適うものである。多国間での解決の拒否は強国には有利だし、日本と米国を遠ざけることもできる。米国の地域的な影響力と海軍プレゼンスは、ティモールのキリスト教徒の分離独立の支援や、イラクへの介入を機として弱まっている。だが、中国が地歩を固めるためには、「龍は泳ぎを学ばなければならない」。中国は、海軍力を構築し、武器をロシアとフランス（エグゾセ・ミサイル）から調達するという政策に乗り出しているが、弾道ミサイル原子力潜水艦と空母の建造では技術的困難にぶつかっている。

64 釣魚／尖閣諸島――二つの中国、一つのナショナリズム

東シナ海にある八つの小さな無人島群。日本の琉球と台湾の間に位置する。

二つの中国は釣魚諸島と呼び、日本は尖閣諸島と呼ぶ。この島々とEEZは魚が多く、石油・ガス資源も豊かと考えられるため、三国が領有を主張している。中国は歴史（一四〇三年から一九四五年まで台湾島に帰属）と地質（中国の大陸棚に属し、日本列島からは明らかに遠隔）を強調する。この島々は、一九四五年に台湾島から分離されて沖縄の米軍占領地区に組み込まれ、一九七二年に沖縄とともに日本に移った。一九九六年に領土問題が再燃する。日本の巡視艇の存在にもかかわらず、日本のナショナリストが上陸を図り、続けて中国人のナショナリストが上陸を図った。この係争が示すのは、戦争の包括的な政治解決がアジアでなされていないこと、台湾、北京、香港および在外者を接近させるような形で、中国人としてのナショナリズムが覚醒していることである。

65 ミンダナオ島――イスラム教とキリスト教の境界線上

フィリピン南部で最大の島。面積九万七五三〇平方キロメートル、人口一八〇〇万（二〇〇〇年）。ミンダナオ島と近傍のスールー諸島には、モロと呼ばれるフィリピンのイスラム教徒（総人口の五パーセント）の大半が住んでいる。一五六五年にスペイン人が渡来して以来、ミンダナオ島はイスラム教の境界の一つとなっている。一九五〇年以降、大量のカトリック教徒の流入によって人口バランスが逆転し、農地争いが起こっている（移住民に売られている権利書は、旧住民には意味をなさない）。マルコス政権は弾圧に終始したため、運動は急進化した。フィリピン民主化後には、自治区が設けられ、政府が設置され、イスラム教に適った法制が敷かれる。しかし、独立派のMILF〔モロ・イスラム解放戦線〕は武装解除しなかった。アル・カーイダとつながりのあるイスラム主義組織、アブ・サヤフとジェマア・イスラミヤも抬頭している（前者は二〇〇〇年にホロ島でフランス人人質事件を起こした）。米国はフィリピン軍を支援している。イスラム主義勢力による暴行に対する反発が強まるなかで、MILFは二〇〇七年に、米国資金による開発計画を伴った恩赦の交渉を受け入れた。紛争は二〇〇八年に再燃し、五〇万人が移住を余儀なくされ、虐殺事件も相次いだ。虐殺事件のうちにはイスラム勢力同士の抗争もある。

66 インドネシア――裂け目

一万七〇〇〇の島からなる東南アジアの国（世界最大の島嶼群）。人口二億二一〇〇万（二〇〇三年の公式統計）。

一九九八年のスハルト政権崩壊以後、政権が弱体化したことで、民族間・宗教間の暴力が激化している。それらは三つに分類される。

アチェ（スマトラ島北部）と西パプアの場合は、一九五〇年代にさかのぼる自治要求運動が、東ティモール独立のあおりで覚醒した。GAM〔自由アチェ運動〕が要求しているのは、一種のシャリーア〔イスラム法〕の施行を可能にするような特別な地位である。二〇〇四年の津波被害を背景に、GAMと政府の和平協定が成立した。一九六三年にインドネシアに併合されたパプア（イリアン・ジャヤ）で自治の要求が根強いのは、フリーポート（米国）やコリンド（韓国）のような多国籍企業が天然資源を開発していることによる。パプアは二〇〇三年に、一定の自治を認められるようになった。

バリ島ではヒンドゥー教徒とイスラム教徒、フローレス島、スラウェシ島（ポソ）、マルク諸島（アンボン）ではイスラム教徒とキリスト教徒が対立している。アンボンとポソは、ミンダナオ島*を追われたイスラム主義勢力ジェマア・イスラミヤが地域拠点にしようとした。しかし、バリ島テロ事件後のイスラム主義勢力弾圧と、宗教コミュニティ間の対話が効果を上げているようだ。

カリマンタン島（ボルネオ島）では、ジャワ島からの移民の居住地として森林が大規模に伐採されたことで、ダヤク人の叛乱が起き、死傷者が出た。一〇万人近くのジャワ人が逃散した。

これらの紛争の強度は低下したものの、一触即発の土壌は依然ある。現地のコミュニティ間の反目や、行政当局への不信感は消えていない。マラッカ海峡*の利用者は不安を募らせている。

67

独島／竹島——日本帝国主義の遺産

日本と韓国の間にある小島群。

韓国が独島の名のもとに管理しているが、日本が竹島として領有を主張している。一九〇五年に、日本が朝鮮の保護領化に先立って併合し、一九四六年に朝鮮〔連合国軍軍政〕が取り戻した。しかし、サンフランシスコ条約には規定されていないことが、日本の領有主張の根拠となっている。二〇〇五年に島根県が「竹島の日」を制定したことで、再び論争の的となった。日本側が、取るに足りない地元レベルの動きだとしたのに対し、韓国の盧大統領は、地域一帯で懸念されている「日本の新拡張主義」の抬頭であると非難した。

68

クリル〔千島〕——霧に消えた争い

ロシアのカムチャッカ半島と日本の北海道の間にある列島。

ロシアと日本が争っているのは、面積五〇〇〇平方キロ、人口一万七〇〇〇人の南クリル（とくに択捉島と国後島）だけである。日本は「北方領土」と呼ぶ。一八五五年以降は日本領だったが、第二次世界大戦後に、ヤルタ合意とポツダム合意によりソ連領となった。日本は両合意の当事国ではないため拘束されないとの立場を取る。この領土紛争の焦点は多岐にわたる。経済面では、水産資源、大量の埋蔵が見込まれる石炭と石油。戦略面では、ロシアにとっては、軍艦や商船が冬期に凍らない海を航行するために、根室海峡の支配が必要。政治面では、ロシアにとっては、国境変更の前例を作らないこと、日本にとっては、ナショナリズムの復活を背景に、歴史上不当に思える事態を修復すること。この問題は一九四五年以来、両国の平和条約調印の妨げとなってきたが、国際的にはあまり関心をもたれておらず、両国の経済関係、外交関係を悪化させてはいない。

69 三八度線——真逆の再統合

朝鮮戦争を終結させた一九五三年七月二十七日の板門店休戦協定によって定められた非武装地帯だが、世界で最も軍事化された境界線である。

コリアン・アイデンティティの中核と観念される領土統合が争点である。全関係国が再統一を容認しているが、それが近い将来に実現すると考える国も、短期間で実現できると考える国もない。韓国は経済的コストを危惧している。中国は戦略的防衛圏を失うことになる。八〇〇〇万の人口を擁する強大なコリアができれば、地域における日本の役割に異が唱えられることになる。米国は、アジアの防衛システムが不安定化することを危惧している。

一九九八年にソウルが開始した北への開放政策（太陽政策）の評価は、こうした点から再検討すべきである。それは分割線を恒久化しつつ（北は挑発せず、南は北を吸収しない）、経済協力を浸透させやすくしようというものである。こんにち、成果は明らかに釣り合わない。二〇〇八年に李明博が選出されると事態は悪化した（工業施設や観光施設は閉鎖され、二〇〇九年には国境で流血事件が起こり、臨津江で意図的な増水が引き起こされた）。しかし韓国の国章は、真逆の統合を象徴する太極図ではなかっただろうか。

70 豊渓里《プンゲリ》――ならず者国家とワイルドカード

北朝鮮の主要な核実験場。平壌の北方三八五キロメートル付近に位置する。

二〇〇六年十月九日に、北朝鮮がプルトニウム型爆弾の実験に失敗した場所である。平壌の観点からすると、核抑止は、体制とその自給自足イデオロギー〔主体思想〕の威信を高め、募る国際的孤立を糊塗し、米国との二国間協議の取引材料となる。

国連は十月十四日に決議一七一八号を全会一致で採択し、越えてはならない一線が存在することを平壌に知らしめた。六者協議の結果、核開発計画は二〇〇七年七月に見かけ上は停止されたが、二〇〇九年五月二十五日に示されたように、次の実験成功に向けた時間稼ぎにすぎなかった。そうした積極行動主義は諸大国と日本を苛立たせているが、もし限定され、コントロールされているならば、まったくの無益というわけでもない。中国は、六者協議を主導することで、世界的課題に腐心する地域大国という立場を獲得し、自国の「静かなる抬頭」を見事に証明してみせた。再軍備を求める日本のナショナリスト勢力と、太陽政策に反対する韓国の勢力は、自己の主張の論拠を引き出した。米国にとってはさほど益がない。米国は脅威の規模に疑問を抱き、なかなか行動を起こさなかったが、イランをはじめ、核保有を夢見る国は勢いづいた。

71　チベット——中国と世界の狭間で?

チベット人が主張する地域としては、面積二五〇万平方キロメートル、人口七〇〇万。

歴史的に見ると、チベットは十二世紀以来、中華帝国の辺境の属国である。チベットの独立は、マクマホン・ライン*を定めた一九一四年のシムラ条約に由来するが、中国の歴代政権はこれを不平等条約として無効視してきた。北京の観点からすると、一九五〇年に共産党部隊がラサに入って以降、中国による統治が回復されている。中国のプレゼンスは、自治権の付与にもかかわらず、一九五九年の叛乱とダラムサラへのダライ・ラマ脱出を招くことになる。文革時代には弾圧が強化された。礼拝は禁じられ、六〇〇〇か所以上の僧院が破壊された。観光の発展に伴って、多少は締め付けが緩んだとはいえ、チベットの文化変容は続いている。大量の中国人の流入により、チベット人は徐々に疎外されていった。暴力が激発する度に（一九八七〜九〇年、二〇〇八年……）、苛烈な弾圧が加えられた。こうした非対称性を自覚するダライ・ラマは、一九八八年に独立を断念した。代わりにチベットを非武装化し、個人の自由と宗教の自由を保障し、中国人の流入を停止することを求めている。

中国政府にはどれほどの裁量の余地があるのだろうか。中国には五五の公認少数民族があり、人口では九パーセントながら、国土面積では六割近くを占めている。北京の見るところ、チベットに広範な自治権を付与すれば、他の集団も自治を要求してくるだろう。たとえば一九九〇年以来、新疆のウイグル人は沸騰状態にある。中国におけるマイノリティの問題は、世界の地政学と連動している。中国世論は、欧米諸国による人権の強調には、政権に揺さぶりをかけ、中国を弱体化させようという思惑があると見ている。こうした見方が経済開放によって短期間で変わるとは思いにくい。

72 黄金の三角地帯――麻薬から石油へ？

ビルマのサルウィン川の河口付近と、ラオスのルアンパバーンと、中国の思茅の南方の三つの国境線とに囲まれた地域。広さ三万五〇〇〇平方キロメートル。

起伏に富んだ地形と植生の特徴から、英国が十九世紀に導入したケシの栽培にも、冷戦期に大規模化した密輸にも、うってつけの場所となっている。中国はかつてビルマに対し、麻薬が国境地帯の反共準軍事組織の資金源となっていると抗議した。この地帯は一九七〇年頃には、世界のアヘンの八五パーセントを供給していた（こんにちでは五パーセント）。原料はチェンマイに流れ込み、そこからバンコクに運ばれた。一九七八年以降は、麻薬密輸と経済開放が相容れないようになる。国境は封鎖され、武装勢力は武装解除されたり（ビルマ）、麻薬対策に起用されたりした（タイ）。経済は再編された。チェンマイは観光と偽造の一大中心地となった。中国はビルマ国境地帯の農業やカジノ建設への大規模な投資を行なっている。

黄金の三角地帯は過去のものとなったのだろうか。二〇〇三年まではターリバーンがケシ栽培を禁じていたことが、黄金の三角地帯を復活させた。麻薬ゲリラも形成・再編されている。

73 マクマホン・ライン――虎と龍の出会い

十九世紀に英国が、インドの北部国境を定めるために設定した分割線。

シッキムに関する一九〇四年の条約締結により出現した。ヒマラヤ山脈の尾根に沿い、ブラフマプトラ川の湾曲部を経て、ビルマ国境へと至る。一九一四年のシムラ会議で英国が提案し、チベット側は受け入れた。一九四七年にインドはこのラインを国境線としたが、中国は不平等条約であるとして現在まで拒絶している。中印間にはもう一つ、西方でも係争がある。スイスほどの規模の高地砂漠、アクサイチンである。一八六五年にカシミール*の帰属とされ、一八九九年に中国に返還されたが、境界が画定されていない。

マクマホン・ラインは、一九五九年のチベット*占領によって、アジアの二大国間の未画定の境界となった。ここに中国が戦略的道路を建設したことが、一九六二年の中印戦争の口実となった。中国は圧勝したが、従来の状態を維持するにとどめた。部隊は東部に戻しつつ、アクサイチンの支配は維持している。公式の合意がないため、実効支配線が事実上の境界となっている。

シッキムに関する二〇〇三年の合意（かつてのシッキム王国領はインドに帰属）も、同様の流れのうちにある。中国はシッキムのインドへの統合を認め、インドはチベットが「中国の一部をなす」ことを再確認するという内容であり、一九〇四年と一九一四年の両条約を否定する意味をもつ。現在では、この実効支配線はもはや植民地分割の結果ではなく、中国（およびインド）の主権行為の結果という外観を帯びるようになっている。中印間の国境紛争は、もはや重大な紛争に転じる可能性は低く、インド洋*を鍵とした両国関係のバロメーターとなっている。

74　カシミール——宗教間の亀裂とナショナリズム

インド西北部とパキスタン北部にまたがる地域。面積二二万平方キロメートル、人口およそ一〇〇〇万。

イスラム教徒が多数を占めるカシミールは、インドが分裂した一九四七年には、インドと結んだヒンドゥー教徒の藩王が治めていた。一九四七年十月に北部のパターン人の部族が叛乱を起こし、これをパキスタン政府が支援したことで、第一次印パ戦争が勃発した。一九四九年一月に国連が、カシミールを八五〇キロメートルにわたって分割する支配線の設置を提案した。三八度線*に次いで、世界で最も軍事化された境界線である。流血の衝突が相次ぎ、一九六五年と七一年の二度にわたって戦争になっている。

焦点は経済にはない。この地域は貧しく、インドがインダス川の水流変更を威嚇手段としたことはない。カシミール紛争は国の名誉とコミュニティ間・宗教間対立の問題であり、最終的には両国の内政問題である。ただしデタント期には、五大核保有国を巻き込んだ問題となっていた。一九六五年以降、かねて米国と同盟していたパキスタンが中国に接近し、他方インドはソ連に目を向ける、という構図があった。

一九九八年から緊張期となる。インドとパキスタンが実戦用核兵器を獲得し、パキスタン国内でイスラム教徒の急進化が起きたことが背景だ。一九九九年には（インド側にある戦略的道路の支配をめぐって）カルギル戦争が起こり、二〇〇二年にはデリーの国会議事堂がイスラム主義勢力に襲撃された。両国は全面戦争の瀬戸際となり、パキスタンの大統領は「最後の手段」として核ミサイルの発射を口にした。米国の仲裁によって緊張は緩和され、「複合的な協議」が始まった。あらゆる係争点を対象とするが、行き詰まりを回避するためにリンケージはしない。当初の感触としては期待がもてるものだった（支配線を横断する通行所がカマンに設けられた）が、いまだに象徴的な段階にとどまっている。

75 近い外国——帝国ノスタルジー

ロシア圏*における対決地点

ロシア外交によって、バルト三国を除く旧ソ連諸国に与えられた呼称。

モスクワは、この地域のリーダーを演じるつもりでいる。ロシア人マイノリティの利益を保護すること、欧米の浸透に対峙すること、大国の地位を再度確立することが目的である。この地域は一九九〇年代にロシアの独占物ではなくなり、米国、EU、中国、さらにはトルコ*、イランまでもが活動する場となった。ロシア文化の影響力は後退し（国外に定住したロシア人の減少も関連している）、ソ連に代わる国家連合となるはずだったCIS〔独立国家共同体〕とその経済統合構想は失敗に終わり、自由化を求める「カラー革命」が諸国で起こり、親欧米機構のGUAM〔グルジア*、ウクライナ、アゼルバイジャン、モルドヴァ〕が登場した。

プーチン＝メドヴェージェフのロシアは、経済力と政治的安定化を背景に、ソフトパワーとハードパワーの双方を駆使しつつ、この地域に対する主張を強めている。前者としては、ロシア企業の進出、米国のシンクタンクをモデルとした財団の創設、ロシア語の奨励などである。後者としては、ウクライナとベラルーシにエネルギー問題で最後通牒を突き付けた。二〇〇八年には分離独立を主張するアブハジアと南オセチアを支援して、グルジアに軍事介入した。ウクライナでは二〇一〇年の選挙の際に、親ロシア派（ブルー派）と親欧米派（オレンジ派）の分裂が裏付けられた。と同時に、自国を境界地帯という以上に辺境と化してしまいかねない対ロ・対欧米関係の問題について、いずれの陣営も過度の争点化はしない姿勢も確認された。

76 セヴァストポリ——攻囲された最後の要塞？

クリミア半島にある海軍要塞。

セヴァストポリはモスクワにとって、ロシアのパワーの挫折を象徴する苦い記憶の地点である。一八五四年にはクリミア戦争で包囲され、一九四二年にはドイツに攻略され、一九九一年にはウクライナの主権下に移った。この町は、ロシアとウクライナの潜在的な係争点である。第一に、ロシアの黒海艦隊の主要拠点であり、第二に、ロシア系人口が過半数を占めるクリミア半島が一九五四年にウクライナに組み入れられたことは、こんにちのロシアのナショナリストにとって恣意的と映っているからだ。一九九七年に両国間で結ばれた協定は、ロシアの海軍基地を二〇一七年まで維持することを保証した。インフラは共用とし、ロシアがウクライナに金銭補償をすることが条件だ。この協定により、ウクライナ側はクリミアの遠心力が弱まること、ロシア側は黒海、さらにはカフカス*における地域大国の地位を維持することを期待した。

77 沿ドニエストル——西洋なきヨーロッパ？

一九九二年に分離独立を宣言したモルドヴァ内の共和国。人口八〇万、面積およそ四〇〇〇平方キロメートル。最も細い部分は幅一〇キロメートル程度。

沿ドニエストルにはモルドヴァのロシア系マイノリティが集まっている。ルーマニア系が主要な同国にロシア系マイノリティがいるのは、独ソ不可侵条約締結後の一九四〇年にソ連に併合された経緯による。ロシアとの間は、EU加盟を望むウクライナによって地理的に分断されている。国際的には承認されておらず、密輸によって、また一九九一年のモルドヴァ独立時より駐留するロシア第一四軍の「庇護」によって存続している。

軍事的には早期に「凍結」された紛争だが、もしロシアと欧米の緊張の種となれば、ヨーロッパの最貧国モルドヴァの将来を左右する可能性がある。地理的な位置からすると、分離独立が恒久化する可能性は低い。妥協案として、モルドヴァがEUに加盟し、NATOには加盟せず、沿ドニエストルについては連邦構成体として再統一することが考えられる。その場合、旧共産圏国がEUとNATOの一方のみに加盟するという特殊事例となり、EU、ロシア、ウクライナ間の関係に影響を与えずにはおかないだろう。

78 カフカス——グレートになりかねない「リトル・ゲーム」？

黒海とカスピ海の間に一二〇〇キロメートルにわたって連なる山脈。伝統的にヨーロッパとアジアの境界と考えられてきた。北カフカスはロシア領。南部のトランスカフカスは三つの独立国からなる。

カフカスは侵入が困難な空間であり、昔から避難地帯となってきた。それがこんにちのような民族と宗教のモザイクを形成した。

北カフカスはロシア連邦を構成する七つの共和国からなる。西部はかなりロシア化が進んでいる。東部は一九九一年のソ連消滅後、貧困と民族憎悪が結び付いて不安定化した。ロシアがこの膿んだ辺境を放棄することを促す要因は多々ある。イスラム教徒が過半数を占め（北オセチアを除く）、戦闘的イスラム主義勢力が入り込んだ「内なる外国」であること。戦争地帯（チェチェン）*、動乱地帯（ダゲスタン）、マフィアの密輸地帯（アフガニスタンからヨーロッパに向かう麻薬の経由地）*であること。この地域での抑圧政策が、ロシアの国際社会におけるイメージを低下させ、イスラム圏との接近政策を害していること。とはいえ、プーチンの言によれば、ロシアのプレゼンス維持は「存亡問題」である。ここを放棄すれば、国内の他の地域の遠心力が助長され、石油・ガスの産出地帯やカスピ海から黒海にかけての石油の基幹ルートを失い、ロシアのパワー戦略を損なうおそれがあるからだ。

北カフカスと違って南カフカス（トランスカフカス）は、一九九一年に独立した三つの共和国、グルジア*、アルメニア*、アゼルバイジャンからなる。モスクワはこの地帯を「近い外国*」と見なしている。グルジアにロシア系マイノリティがいることに加え、石油地政学上の重要地帯である（カスピ海からトルコ*を経由して地中海*に至る基幹ルートであり、北方ルートを無用にしかねない）からだ。しかも、南カフカスでは、地政学上の二つの基軸が交差する。一方はアルメニアを挟んだモスクワとテヘラン、他方は親欧米のGUAMである。現地には、ロシアの干渉を促進する要因がある。グルジアには、アブハジアとオセチアの分離独立主義がある。ナゴルノ・カラバフには、アルメニアとアゼルバイジャンの紛争がある。「カラー革命」が起きたグルジアも含め、諸国の政権は弱体で不安定である。モスクワの政策は、当初は間接的な介入（グルジアのNATO加盟を阻止するための政治上・貿易上の圧力）、次いで直接介入の形を取った（アブハジアと南オセチアの住民の多くがロシアのパスポートを保持していることを「根拠」に、二〇〇八年夏にグルジアと戦争を構えた）。

カフカスは全体として、バルカン*から中央アジアに至る危機の弧の要をなすといえる。それは、ロシアが大国として復活するかどうか、自国の周囲を欧米とともに平和的に管理できるかどうかの実験場でもあるといえる。

79 チェチェン——カフカス*のレバノン*

ロシア連邦内の自治共和国。面積一万五〇〇〇キロメートル、人口六〇万。

十八世紀に征服されて以来、モスクワと紛争を繰り返してきた。モスクワにとってチェチェンは、現実以上に恐ろしく残酷なロシアの敵対者と映っている。
一九九一年に、チェチェンはソ連の解体に乗じて独立を宣言した。エリツィン大統領はこれを認めなかった。一九九四年から九六年にかけての戦争では独立派が勝利した。一九九九年から二〇〇一年にかけての戦争ではロシアが報復した。ロシアは北カフカスでのドミノ効果を恐れ、カスピ海の石油・ガスの基幹輸送ルートが脅かされることを危惧し、紛争によるテロの拡大に弱腰と見られることを懸念している。逆に断固たる姿勢を取ったことが、プーチンの人気を高めたことは明らかだ。チェチェン紛争に関して、モスクワは以下の要因を活用している。カフカスに反感を持つロシア世論。部族制の社会構造によるチェチェン内部の分裂。天然ガス収益の二割増しという連邦政府の大規模な援助。イスラム主義勢力に対する米国の懸念（この小国における人権尊重を求めるNGOのデモよりもはるかに大きい）。

80 グルジア──欧州の果てかロシアの果てか？

南カフカスの共和国（面積七〇万平方キロメートル、人口四四〇万）。一九九一年のソ連崩壊により成立し、二〇〇八年にCISから離脱。

グルジア〔ジョージア〕は、欧米の諸機構への加盟を最も望む諸国の集まりであるGUAMの主導国の一つである。この路線を強化したのが、二〇〇三年にグルジアで起きた「バラ革命」であり、この路線を具現したのが、米国の主導によるBTC*石油パイプラインである。これに加えて、総人口に占めるグルジア人の割合が三分の二しかないことから、グルジアはモスクワに支援された分離主義に揺さぶられるようになった。アジャリアは二〇〇四年に再統合されたが、南オセチア、またそれ以上にアブハジアが、事実上の分離独立状態になっており、二〇〇八年八月にはロシアとグルジアの間で戦争となった。モスクワは両共和国の独立を承認しており、現地では民族浄化も起きている。たとえ欧米との関係が冷え込もうと、周辺地域への影響力を回復しようというロシアの意志が、表われているのがグルジアである。こうしたロシアの圧力が効いて、グルジア革命のバラは、貧困化と縁故政治によってしぼんでしまった。

81 アルメニア——内陸国の制約

南カフカスの共和国。面積三万平方キロメートル、人口三〇〇万。

山岳国アルメニアは、固有主義が強く（インド・ヨーロッパ語族の中で孤立した言語、三世紀にキリスト教化した古代王国、四五一年のカルケドン公会議を受けてのローマ教会からの分離）、苦難の歴史を重ねた国である。一九一五年にはトルコ領アルメニアで民族虐殺が起こり、一九二一年にはトルコとソ連に組込まれて独立を失った。繰り返される地震で多くの犠牲者を出してきた。

ソ連の消滅によって一九九一年に独立したが、なかなか経済発展と政治的安定化の道を見出せずにいる。内陸国という性質と、地政学上の諸問題のためである。最も耳目を引くのがナゴルノ・カラバフ問題である。アルメニア人が居住するが、ソ連指導部によってアゼルバイジャン領とされた。アル*

メニアは、一九九二年から九四年にかけてアゼルバイジャンと戦争し、ここを連絡路のラチン回廊ともども軍事占領した。アルメニアによる占領は、アゼルバイジャンからも、旧ソ連国境変更の前例を作りたくない国際社会からも承認されていない。

この状態はアルメニア側にも問題である。アルメニアは内陸国で、地政学上の文字通りの交点に位置している。南北方向にはロシア＝イランという軸がある。アルメニアが歴史的に友好を結び、軍事的・経済的な関心を向けてきた方向である（ロシアの軍事基地の存在、エネルギー資源の調達、主要な貿易相手国、在外者の存在）。東西の軸では、アゼルバイジャンとトルコに挟み撃ちにされている。トルコはテュルク語系のアゼルバイジャンを支援しており、一九一五年の民族虐殺についても認めようとしない。他方で、アルメニアは欧米との接近を模索する。在外者（欧米諸国に一六〇万人）による支援を通じて、欧米はアルメニアの主要な援助国となっている。アルメニアは欧州会議の加盟国でもある。二〇〇九年にはトルコとの国交正常化に着手した。

82 タタールスタン——チェチェンの逆?*

ロシア連邦内の自治共和国。ヴォルガ川流域にある。面積六万八〇〇〇平方キロメートル、人口三五〇万。

一九九〇年初頭以降、新たなチェチェンとなってもおかしくない状況が、タタールスタンには揃っていた。民族と文化の固有主義が強く（テュルク・モンゴル語系の言語、イスラム教）、多数のロシア系マイノリティが存在し（総人口の四三パーセント）、国土は経済地政学上・戦略上の重要性が高い（油田に加え、戦略的に重要な二つの地域、シベリアと中央アジアを結ぶ要路のシベリア横断鉄道が走る）。しかも、タタールスタンは一九九一年のソ連解体を機に主権を宣言した。独立に準じた地位を有し、タタール語を公用語とし、地下資源の唯一の受益者となり、外交関係を結ぶ権限をもつ、という趣旨である。

しかし、ロシアとの間で一九九四年に二者間条約が交わされ、関係は平和的に解決された。チェチェンのような展開にならなかったのは、一つには歴史、一つには経済による。タタールスタンが征服されたのは十六世紀にさかのぼる。タタール人はロシアのアジア進出の先兵となり、またスターリン時代の強制移住の対象ともならなかった。経済面では、内陸国であるがゆえに石油輸出のためにロシアを必要とする。こうした事情から、タタールスタンではイスラム主義勢力があまり影響力をもたない。カザフスタンとヴォルガ流域の諸共和国を統合して、テュルク系の大イスラム国家を樹立するという彼らの主張が実現するおそれは低い。

83 アムール川とウスリー川――イデオロギーよりもパワー志向

アムール川は全長四三五〇キロメートル、シベリアからオホーツクに至る大河。支流のウスリー川は全長九〇〇キロメートル、ウラジオストク付近を源流としてハバロフスクに至る。

二つの大河はモンゴルの東方で、世界最長級の地上国境を形づくっている。この中露国境は、「不平等」条約とされる一八五八年のアイグン条約と一八六〇年の北京条約によって定められ、ロシアはこれによって、オホーツク海沿岸地方と日本海沿岸地方を併合した。

一九六九年に、中州である一部の島の領有をめぐって中ソ両軍の衝突が勃発した（死者数百名）。この危機は、一九六〇年代に起きた決裂の頂点であり、両国の対立がイデオロギー（毛沢東路線への決別）と地政学（北京との平和的共存の拒否）だけでなく、パワーをめぐる抗争でもあったことを示している。

二〇〇一年に、善隣友好国境条約が結ばれたことで、アムール川とウスリー川は係争点ではなくなった。背景には、ロシアと中国の利害の一致がある。両国は経済提携に乗り出し、たとえば成長中の豆満江（図們江）地区で、石油・ガス分野での協力（アンガルスク＝大慶間の石油パイプライン）を行なっている。またロシアは中国に通常兵器を供給し（中国の輸入兵器の九割）、同年に発足した上海協力機構の枠組みのもとでイスラム主義テロに対する共同対策を取っている。さらに、米国のハイパーパワーに対して均衡を取ろうという意志も共有している。

とはいえ、両国の接近は曖昧なレベルにとどまる。両国の極東部は人口数と人口密度が大きく異なり、移民が起きていることから、ロシアは密輸と並んで「中国による再植民地化」を危惧している。背景には、地域のリーダーシップが中国に移るのではないかというロシアの強迫観念がある。

MENA*における対決地点

84 グリーンライン――パレスチナ問題の核心部

パレスチナは、面積二万七〇〇〇平方キロメートル、地中海*とヨルダン川*の間に位置する。一九二〇年に英国の委任統治領とされた。

英国が撤退したことで、この地域は世界的な争点となった。問題の根幹は一九四七年から変わっていない。土地と水の分割であり、国境の画定である。国境の画定には、主権の及ぶ範囲でもあり、交易地ともなるという二つの面を考慮する必要がある。

一九四七年に国連が、二つの主権国家を創設し、多数の飛び地を設けるという案を提示した。これを根拠に、一九四八年五月にイスラエルが国家樹立を宣言した。アラブ諸国はイスラエルを攻撃した。この戦争は一九四九年に終結し、イスラエルとガザおよびヨルダン川西岸とを分割する「グリーンライン」が設定される。イスラエルはパレスチナ地域の七八パーセントを得た。ガザは西南にあるエジプトに管理され、ヨルダン川西岸（東エルサレム*を含む）はヨルダンのもとに置かれた。一〇〇万人以上のアラブ難民がＵＮＨＣＲ〔国連難民高等弁務官事務所〕のキャンプに殺到し、パレスチナ人という民族感情が醸成された。一九六七年の六日戦争によって状況が変わる。イスラエルはパレスチナ全域とゴラン高原*を占領した。グリーンラインは、イスラエルにおける民政と、〔直ちに再統一されたエルサレム以外の〕占領地における軍政の境界線となった。この状況はヨム・キプール戦争〔第四次中東戦争〕によっても変わることがなかった。

一九七九年のイスラエル＝エジプト平和条約、一九九四年のイスラエル＝ヨルダン平和条約、二〇〇〇年のレバノン撤退*、および一九八八年にＰＬＯ〔パレスチナ解放機構〕がアルジェで行なったパレスチナ国家独立宣言によって、この紛争はイスラエル＝アラブ間のものからイスラエル＝パレスチナ間のものに変わり、両者の日常生活に深く根を張るようになった。とりわけグリーンラインの検問所は、解除期間がますます減っている占領地封鎖を具現している。

だが、状況が膠着したわけではない。一九九三年のオスロ合意は「土地と平和の交換」の原則を示し、イスラエルと新たに発足したパレスチナ政府との相互承認をもたらした。一九九八年以降オスロ・プロセスは停滞し、第二次インティファーダが起こった。そこに反映されているのは、さらに先に進むために必要な譲歩について、つまりグリーンラインを合意の基礎とするか（双方の過激派はこれを認めていない）、エルサレムをどうするか、西岸のユダヤ人入植地をどうするか、シリアとの関係をどうするか、といった点をめぐる世論の分裂である。

85

ゴラン高原——防塁と給水塔

レバノン、シリア、ヨルダン、イスラエルの国境が交わる地点にある一八〇〇平方キロメートルの高原。

一九六七年からイスラエルが占領する高原のシリア側を指す。一部に入植地があるが（二〇〇五年時点でイスラエル人一万七〇〇〇人、シリア人二万二〇〇〇人）、併合宣言はされていない。この点が曖昧であることが、シリアとの駆け引きに用いられる可能性がある、米国の仲介で一九九九年に協議が開始されたが、「第二次インティファーダ」が起きてからは手詰まり状態にある。

争点が多々あることで状況は複雑化している。ゴラン高原はその位置と高度から、ダマスカスおよびイスラエル領ガリラヤを見下ろす長射程砲の砲台となる（シリアは実際、一九六七年以前はゴランを使ってガリラヤを威嚇していた）。イスラエルにとっては、水源の一五パーセントを供給する給水塔となっている。さらに状況を複雑にしているのが、二二〇〇ヘクタールのシェバア農場の存在だ。シリアとレバノンの双方が領有を主張している。これに関してはイスラエルは国連見解を踏襲してシリア領と見なして、レバノン南部からの撤退後も占領を続けているため、ヒズブッラーによる攻撃が頻繁に起きている。

86 シナイ半島――イスラエル＝アラブ危機の核心にある緩衝地域

山地と砂漠からなるエジプトの半島。六万一〇〇〇平方キロメートル。アフリカとアジアの接点。西はスエズ運河およびスエズ湾*と接し、東はアカバ湾と接する。

イスラエルのユダヤ人にとって、シナイ半島は特別の感情を掻き立てる。聖書によれば、モーセがここで神と結び、十戒を授けられたからだ。この地域は聖書に基づくイスラエルの土地だと考える者もおり、一九八二年に解体されるまでは入植地も設けられていた。他方、この地域は戦略的にも重要である。スエズ運河とティラン海峡を監視できる位置にあるからだ。経済の面でも、油田の存在が所有欲を掻き立てる。

この地域は、イスラエル軍とアラブ軍の戦場となってきた。イスラエルは一九五六年に二度、次いで一九六七年、一九八二年にシナイを制圧した。

一九八二年以降はエジプトの主権が全面的に及んでいるが、特定の重火器の展開は認められていない。この貧しい地域は、二〇〇四年から二〇〇六年にかけて何度もテロ事件の舞台となっている。起伏が多いため、非合法な活動にはうってつけの場所である。国際的な懸念の集まるこの地域の中で、シナイ半島がジハディストの拠点となりつつあるのだろうか。

87 クルディスタン――二十一世紀のナショナリティ問題

「クルディスタンの国」を意味し、アナトリア東部、ザグロス山脈、トロス山脈の間の地帯を指す。トルコ*、イラン、イラク、シリアにまたがる。範囲は一九万平方キロメートルから五〇万平方キロメートルまで諸説あり。

クルディスタンの多数のカード（水、石油、鉱物、豊かな土壌、森林）は、クルド人には呪いと化した。クルド人は、言語、五千年の歴史をもつ古い文化、数世紀にわたる独立闘争を通じて、民族アイデンティティを確立してきた。

現在の構図は一九二〇年にさかのぼる。セーヴル条約では、現在のトルコの三分の一に及ぶクルド国家の建設が定められていたが、ムスタファ・ケマルはここを再征服し、一九二三年のローザンヌ条約によってトルコの主権が認められた。並行して、フランスと英国の委任統治領の設置に伴い、モースル地域はシリアからイラクに移された。四〇〇〇万人という中東有数の規模をもつクルド人は、各国内（トルコ、イラク、シリア、イラン）の少数民族と化し、アラブ化政策やトルコ化政策の対象とされ、叛乱を繰り返し、その度に粉砕された。

シリアとイラクでバアス党政権が成立すると、変化への期待が芽生える。イラクはクルド語を公用語の一つとして認めた。しかし一九七四年にイラク軍は攻撃を再開し、以後二十年にわたり弾圧が続く。その頂点が一九八八年のアンファール作戦である。トルコでは、一九六五年に戒厳令が解除され、経済発展が始動する。しかし一九七八年に、トルコのプレゼンスを植民地化の一種だと見なすＰＫＫ〔クルド労働者党〕が誕生すると、状況は再び悪化した。ＰＫＫは東南部で強力なゲリラ活動を展開するほか、トルコ各地や欧米諸国でテロを組織した。

転換点は一九九一年である。「砂漠の嵐」作戦の延長として、キルクークを中心とする自治区が三六度線以北に誕生した。二〇〇四年には、将来のイラク連邦憲法を前提とする政府が構成された。この政府の将来が争点となる。クルド人の大多数は独立を望んでいるが、近隣諸国にとってはまったく受け入れがたいからだ。なかでもトルコはイラク領クルディスタンへの侵入を繰り返している。トルコの目的は、ＰＫＫの拠点を破壊すること、独立宣言の場合は戦争が避けられないとの恫喝に真実味をもたせること、クルド諸派間の緊張を煽ることにある。

88　レバノン――内戦か、大国間の戦争か？

面積一万平方キロメートル、人口四〇〇万の国。

十六年にわたる内戦の末に、アラブ連盟の仲介で一九八九年十月にターイフ合意が締結され、レバノンは新たな時代を迎えた。シリアに認められてきた突出した役割は、一九九一年五月の両国間の条約によって公式化された。この条約には、両国の分離を認めないというシリアの立場が反映されている（が、二〇〇八年十月の大使交換表明には明らかに変化が表われている）。

二〇〇六年のイスラエルとの戦争は、この枠組みのもとで進められた復興作業がほぼ完了していたタイミングで起きた。二〇〇〇年に政権に復帰したラフィーク・ハリーリー首相は、レバノンの独立性について問題提起した。二〇〇〇年にツァハル〔イスラエル国軍〕が撤退したことで、南部にレバノンの主権が回復されたが、ヒズブッラーはイスラエル攻撃を続けていた、というのが当時の状況である。

二〇〇五年二月のハリーリー暗殺は、シリア諜報部によるとされる。現在の危機はこの時期に始まる。街頭の圧力により（「杉革命」と呼ばれる）、また欧米諸国の圧力により、シリア軍は四月にレバノンから撤退する。二〇〇五年六月の選挙では、サアド・ハリーリー率いる反シリア連合が大勝したが、キリスト教徒の一部、親シリアのシーア派、他の諸派の間に不和の種を撒いた。二〇〇六年には、ヒズブッラーがイスラエルと戦争を構え、それによって大きく威信を高め、体制内における地位を要求するようになる。三か月にわたる緊張と暴力を経て、この要求は二〇〇八年に大統領のラフードからスレイマンへの交替という形で実現され、次いで二〇〇九年には総選挙が実施された。

国内コミュニティ間の緊張は緩和されたものの、シリアやヒズブッラーがイランとつながり、米国とNATOがEUを介して関与していることで、レバノンは米国とイランの対決の周辺的争点の一つとなっている。

89 クウェート――水辺の要塞

ペルシア湾の奥、イランとサウジアラビアの間に挟まれた首長国。面積一万七八〇〇平方キロメートル、人口三一〇万。

この国が、その規模とは比べものにならない大きな戦略地政学上の争点となっているのは、石油（世界五位の埋蔵量）およびクウェート投資庁（世界七位の政府系ファンド）の存在による。一七五六年にサバーハ家の支配が始まって以来ほぼ一貫して、クウェートは英国、次いで米国と同盟してきた。一九二二年に主権を得たのも、一九六一年にはサウジに、一九六三年にはイラクに国境を認めさせたのも、一九九一年に第一次湾岸戦争によって〔イラクによる侵攻から〕解放されたのも、そうした同盟関係のおかげだった。

以来、クウェートは欧米および湾岸協力会議（GCC）との結び付きを強めた。二〇〇三年の米国のイラク侵攻時には、国土の六割を後方基地として提供した。こうした同調政策ゆえに、イランの反欧米的な主張の中でやり玉に挙げられ、テロの標的にもされてきた。もし米国が手を引けば、イランと紛争が起きた場合、あるいはイラクが全面的な内戦に陥った場合に、クウェートが危地に立つことは必至である。

90 アフガニスタン――グレート・ゲームの中心に

内陸の山岳国。中央アジア、中東、南アジア*の接点。面積六五万平方キロメートル、人口三一〇〇万。

こうした位置から多民族が居住。南部のパシュトゥン族と北部のタジク族がそれぞれ三分の一弱。尾根沿いに設定されたパキスタン国境（一八九三年のデュランドライン）が、アフガンのパシュトゥン族と、パキスタンの部族地帯に住む近縁のパターン族を人為的に分かつ。

半世紀の平和の後、国王ザーヒル・シャー（在位一九三三〜七三年）の転覆により、冷戦の渦中に置かれる。ソ連はカーブルに影響力を及ぼそうと図り、次いで一九七九年に侵攻した。米国は、サウジのワッハーブ派（ビン＝ラーディン）や軍閥（マスードなど）に鼓舞された反ソ武装勢力に武器を供給した。戦争は人的にも（死者一〇〇万から二〇〇万、おもにパキスタンに逃げた難民五〇〇万）、政治的にも悲惨な結果を生んだ。ソ連の撤退が既成事実になると欧米は関心を失い、イランとパキスタンが関与を強める。パキスタンは、伝統主義的なウラマー〔イスラム宗教学者〕に支援されたパシュトゥン武装勢力、ターリバーンを後押しした。一九九六年にターリバーンがカーブルを制圧、ビン＝ラーディンとの関係を築く。九・一一テロの後、北部の武装勢力（非パシュトゥン）の支援を得たNATOが介入。政治プロセスが停滞し、経済復興が地域単位で進められていることで、一方では都市部と伝統的農村部、他方ではパシュトゥンと他のアフガン諸民族という二重の亀裂が深まるとともに、カルザイー再選への反発に見られるように、政権は権力基盤を失っている。勢力を回復したターリバーンは影の内閣を設け、政治プロセスに参加する意向を示している。

オバマは二〇一一年からの撤退を視野に入れつつ、治安回復と汚職対策のために、二〇〇九年十二月に三万人の増派を発表した。こうした見通しのもとでカルザイーは、交渉の準備段階として、ターリバーンにロヤ・ジルカ（族長会議）への参加を打診した。

91 カビール——叛乱の地方

アルジェリア北部の峻険な地域（四万五〇〇〇平方キロメートル）。山岳の避難地帯となっており、人口は多い（六〇〇万から七〇〇万、総人口の四分の一弱）。七世紀にアラブ人が侵攻した際、北アフリカの先住民であるベルベル人の避難地帯となった。

この地域は比較的孤立しているため、カビール人は言語と伝統（村の集会の役割）を保ってきた。独自のアイデンティティをもっており、一八七一年にはフランスに対して大規模な叛乱を起こし、独立戦争でも重要な役割を担った。他方でアルジェリアは「アラブ＝イスラム国」と自己規定している。このためカビールでは、一九八〇年の「ベルベルの春」を頂点とする騒乱が発生した。カビール紛争は、アルジェリアの体制をさらに不安定化させる危険がある。

92 ダルフール——麻痺した国際社会

スーダンの西部地域。フランスと同程度の面積に、人口わずか六〇〇万。

この地域は一九八〇年代に深刻な旱魃に見舞われた。そのため遊牧民が南下し、毎年の移動の時期を早めた。以来、「アラブ系」部族と「アフリカ系」部族の緊張が高まっている。

ダルフールの叛乱に直面したスーダン政府は、政府派民兵ジャンジャウィード（アラブ系が主体）に武器を供給した。ジャンジャウィードはアフリカ系の一般市民を恐怖に陥れた。危機が始まって以降の死者は三〇万にのぼるという。二〇〇七年六月にフランスが、人道支援物資のピストン空輸をチャド東部で実施した。

ダルフール危機は、隣国のチャドと中央アフリカにも拡大した。だが、石油が豊富で、中国とロシアに支援されたスーダン政権は、一枚岩ではない国際社会の批判を顧みずにいる。

93 ヨルダン川──水戦争

全長二五一キロメートル、ヘルモン山を源流とし、ティベリアス湖〔ガリラヤ湖〕を経て死海に注ぐ大河。

ヨルダン川は、乾燥地帯のヨルダン、パレスチナ、イスラエルの住民一三〇〇万人の主要な水源である。ここには二重の問題がある。沿岸国の間での水の分割、さらに西岸における水の配分である。

一九五五年の分割案（ヨルダンに五五パーセント、イスラエルに三六パーセント、シリアに九パーセントおよびレバノン）*が暗黙の基準となっているが、そこでは水質が考慮されていない。さらに一九六〇年代には、各国が競って水利整備を実施したため、地下水への流入が激減した。ヨルダン川は六日戦争へと至った緊張の一因ともなり、勝者イスラエルはゴラン高原*の水を掌握した。一九九四年にイスラエルがヨルダンと平和条約を結んだことで、協力体制が改善された。しかしシリアとは合意の目処が立っておらず、ヨルダン川は極めて危険な状態にある。八割が取水され、死海には非常に汚染された小量の水しか流れ込まない。

さらに、地下水位の低下により、パレスチナの極貧農民は、灌漑と日常生活のための唯一の用水源を奪われている。このため、パレスチナ紛争は政治紛争、土地争いに加え、社会紛争の側面も帯びている。

94 ティグリス川とユーフラテス川――クルドという争点

並行して流れる二つの大河。東のティグリス川は全長一九〇〇キロメートル、西のユーフラテス川は全長二七八〇キロメートル。アナトリア高地からペルシア湾へ至る。メソポタミア〔川の間〕の由来。

一九七〇年代以降、南東アナトリア・プロジェクトを進めるトルコ*、およびシリア（アサド湖）で行なわれる整備工事が、流量を大きく左右するようになった。

ここの係争では、二つの法的原則が対立している。絶対的な領土主権の原則に依拠するならば、水の全量を自国資源として領有する権利が確立される。トルコは年間流量のうち、ユーフラテス川では三分の一、ティグリス川では四分の一しか取水していないから、権利を逸脱してはいない、と考えている。イラクとシリアは、絶対的な領土一体性の原則を強調する。これに依拠するならば、川が自国に到達する地点における自然流量と水質が侵害されてはならない。一九九〇年代に入ってから見解の接近が見られたものの、米国がイラクに介入したことで中断された。イラクの細分化により、問題はさらに複雑化している。

現在でも水資源は、上流のスンナ派と、フセインによって水を削られたシーア派との争点である。

シーア派はこんにち、小量の汚染された水しか得られていない。他方、トルコは南東アナトリア・プロジェクトによって東部地域の開発を進め、クルド人ゲリラを弱体化させることを意図している。さらに両国の間に、地位の不確かなアクターも生まれている、ティグリス川の中流域に創設され、自治権を有するクルディスタン*である。

95 ナイル川——紛争の源の大河

全長六六七〇キロメートルの大河。上流に二つの支流がある。一方の源流はウガンダ、他方の源流はエチオピア*にある。七か国を経て地中海*に注ぐ。

「エジプトはナイルのたまもの」という表現を人口に膾炙させたのはヘロドトスである。ナイル川は交通の基軸であるとともに、増水期には農業に必要な水と泥土をもたらしてきた。下エジプトが農村としては世界有数の人口密集地帯となったのも、ナイルの存在ゆえである。古代から整備工事が行なわれて灌漑が発達した。ナーセル時代に建設されたアスワン・ハイ・ダムもその一つだ。このダムは一九七〇年に完工され、エジプトの電力の一割強を供給する。また、増水量を調節することで耕作地を大きく広げたが、それと引き換えに環境問題を生み出した（泥土の滞留、土壌浸食、塩害）。砂漠を灌漑し、開拓の前線とすることを目的とした工事も実施されている（シナイ半島*につながるサラーム運河、近代的で投機的な農業の発展を目指す西南部の「新渓谷」地帯……）。

この人口過密国にとって、ナイル川は死活的に重要である。エジプトは上流の諸国、とくにスーダンやエチオピアの整備工事に神経を尖らせる。自国に到達する流量を減らすかもしれないからだ。この件に関する唯一の協定は、一九五九年にスーダンと結んだもので、エジプト側に有利な内容となっている。エチオピアがナイル川を活用する意向を表明した際、サーダート大統領は「水問題だけでエジプトは新たに戦争を行なうかもしれない」と恫喝した。エジプトとの協議なしにさまざまな大工事を行なうために、スーダンとエチオピアが青ナイル川流域機構を結成すると、緊張はさらに高まった。その後、緊張は緩和され、全沿岸諸国の集まるナイル川流域イニシアティブ（一九九九年に発足）の場で、包括合意が探られている。

ブラック・アフリカ*における対決地点

96 ルワンダ——千の丘の国における流血の民族主義

アフリカ中部の国。面積二万六三四九平方キロメートル、人口九〇〇万（一平方キロメートルあたりの人口密度は二二〇人とアフリカ最高）。

ルワンダにはツチとフツの二大民族がある。両者は数世紀にわたって同じ言語を話し、同じ信仰と同じ伝統を保ってきたが、ツチがフツを支配していた。ドイツの植民地、次いでベルギー*の植民地となったのち、一九六二年に独立すると、多数派（人口の八五パーセント）のフツが指導権を握った。そして一九五九年、六三年、六六年、七三年にツチの虐殺事件が起こる。多数のツチがウガンダに逃れ、ルワンダ愛国戦線（ＲＰＦ）を結成した。

一九九四年四月六日に、ジュベナール・ハビャリマナ大統領の乗った飛行機がテロに遭ったことで、民族虐殺が開始された。ツチだけでなく穏健派のフツも標的とされ、五〇万人以上が殺害された。それに対してポール・カガメ率いるRPFが攻勢をかけ、一九九四年七月十七日に政権を奪った。

フランスはフツを支援したとして非難され、対仏関係は緊張している。ルワンダは二〇〇二年に戦犯裁判と国民和解に着手した。ルワンダ危機は、一九九七年にコンゴ民主共和国*で起こった騒乱の一因ともなり、地域一帯の地政学を激変させた。

二〇五〇年には二〇〇〇万人に達する勢いで人口が増えており、一部がコンゴ民主共和国東部に流れこんでいるため、地域全体が再び混乱に陥るおそれもある。

97

コンゴ（コンゴ民主共和国、首都キンシャサ、旧ザイール）――四分五裂のアフリカ中央部

アフリカ中部の国。面積はアフリカ第三位の二三四万五〇〇〇平方キロメートル、人口は地域最多の六三〇〇万。喜望峰*とカイロを結ぶ軸と大西洋*とインド洋*を結ぶ軸の中核地点にある。

コンゴ民主共和国（一九九七年までの国名はザイール）は複合体をなす。一見すると一体性（コンゴ盆地）があるように見えるが、南部は鉱物資源に富んだシャバ高地（旧カタンガ、銅とコバルトとウランが豊富）に連なり、東部は大湖地帯に接している。民族も極めて多様であり（国語は五つ）、一九六〇年に独立すると、カタンガの分離の動きをはじめとする多数の騒乱が起きた。

豊かな資源にもかかわらず、モブツ独裁政権時代（一九六五～九七年）は経済が発展せず、ルワンダ*

紛争の煽りを間接的に受けて不安定化する。まず、東部キヴに多数のツチが流れ込んだ。次いで、RPF政権下のルワンダから、九四年の民族虐殺に荷担したインテラハムウェを含むフツが、一〇〇万人規模で逃れてきた。この両者が九六年に衝突する。ツチ族政権のルワンダ、およびウガンダが介入したことで、ザイール政権は九七年五月十六日に崩壊し、ローラン＝デジレ・カビラが政権に就く。だが外国の介入は止まず、コンゴ民主共和国は近隣諸国の対決の場となり、事実上の分割状態となった。二〇〇二年の包括合意締結に基づき、挙国一致政府が成立したが、根強い叛乱の動きが多数ある（北部と東部）。

98 エチオピア——アイデンティティ戦争の焦点となった重要国

アフリカ東部最大の国。面積一〇〇万平方キロメートル、人口七〇〇〇万。

エチオピアには多くの特徴がある。第一に、その高地部は、古代にアフリカに伝播したキリスト教の名残（コプト派）をとどめる唯一の地域である。第二に、一八九六年に皇帝メネリクがアドワでイタリアに勝利した結果、植民地化を免れた唯一のアフリカの国となった。第三に、地域の中で共産主義体制を経験した少数の国の一つである。このメンギスツ政権（一九七四年～九一年）は惨憺たる結果に終わった。

エチオピアはこうした歴史ゆえに、周囲のイスラム地域を支配地として保持していた。一九四五年にイタリアから奪ったエリトリアと、メネリクが征服した東部の砂漠地帯オガデンである。エリトリアはメンギスツ政権崩壊を機に、一九九三年に独立した。一九九八年から二〇〇〇年にかけ、両国の間で再び戦争が起こった。エチオピアはこの時に、大部分が砂漠からなる土地（バドメ地方）を占領し、現在も返還に応じていない。他方、オガデンをめぐっては、一九七七年にソマリアとの間で戦争となっている。

エチオピアには、アフリカの角の支配的大国となる潜在性がある。ソマリアの騒乱の際には、イスラム法廷連合の部隊を駆逐すべく、二〇〇六年から〇七年にかけて介入している。とはいえ、エチオピアの影響力は限定されている。極めて貧しい国であり、国内に分裂を抱え、また（人口の半分はイスラム教徒なのだが）キリスト教国と見られているからだ。

99 ギニア湾――戦略的に重要な油田地帯

ナイジェリアからアンゴラに至る。湾岸には他にカメルーン、赤道ギニア、サントメプリンシペ、ガボン、コンゴ共和国、コンゴ民主共和国*がある。

この八か国は、合計二億人超、つまりサハラ以南アフリカの総人口の三分の一と、同地域の主要油田（世界の総産出量の五パーセント）を擁している。

だが、ギニア湾岸地域は不安定であり、文化的な均質性が低く、ナイジェリアが経済・人口の両面で突出している。同国だけで一億三〇〇〇万の人口を擁し、産油量は他の七か国の合計を上回る日量二〇〇万バレルにのぼる。

地域諸国の潜在性と問題はさまざまだ。ギニア湾は世界有数の沖合油田地帯となっている。沖合油田なら、諸国の不安定性に関わるリスクが軽減され、輸送にも利便性がある。しかも原油は良質であるため、この地域の産油諸国は（ナイジェリアとアンゴラを除いて）ＯＰＥＣ〔石油輸出国機構〕に加盟していない。しかし、住民は直接的な恩恵をあまり受けていない。

この地域では、おもに石油への関心が、外部の大国の勢力戦略を導いている。現在、米国の輸入原油の一五パーセントはギニア湾産が占める。この原油調達の安全確保を国家安全保障上の問題と捉える米国は、地域諸国との大規模な軍事協力を進めている。すでに競争の激しい地域だが、中国やインドネシア*、マレーシアの石油事業者も加わったことで、競争が激化している。

これらの新興産油国の抬頭は、アフリカが世界の原油供給に占める重みを示すものである。

100 カザマンス――沈滞した叛乱

セネガル南部の地域。資源が豊富。ガンビアが間に挟まっており、また宗教が異なるため（アニミズムとキリスト教）、他の地域から孤立している。人口八〇万、面積二万九〇〇〇平方キロメートル。

デモが弾圧され、流血の惨事となったことで、一九八二年に叛乱が起きた。戦闘が最も激しかったのは一九九〇年代初めであり、死者数百人にのぼった。農業と観光業の収入は北部のイスラム教徒を潤すばかりで、カザマンスを疎外していると、独立派は非難する。

セネガル世論はこんにち、次第に犯罪化してきたカザマンスの叛乱にうんざりしている。紛争を取り巻く地域環境は、セネガルに有利な方向に変化した。ギニアビサウで政権交代が起き、叛乱勢力は主要な支援者を失った。また、近隣諸国に大規模な国連部隊が展開されたため（リベリア、シエラレオネ、コートジヴォワール）、武器の輸送や戦闘員の往来が困難になった。

訳者あとがき

本書は、Pascal Gauchon, Jean-Marc Huissoud, *Les 100 lieux de la géopolitique* (Coll. « Que sais-je? » n°3830, PUF., Paris, 2010) の全訳になります。

「地政学」という言葉は、国際情勢についての文章であれば、現在のフランス語でごく普通に使われています。言葉の成り立ちとしては「地理学」と「政治学」の結合ですが、帝国主義時代に生まれ、とりわけナチス・ドイツによって用いられ、日本でも拡張主義と密接に結び付けられたことから、現在の日本語では一般的ではありません。国際関係の研究や評論の中で、ことに現実主義の立場を強調する文脈で、一種ジャーゴンのように用いられている感があります。

『一〇〇の地点でわかる地政学』は、フランスの高校や予備校で文系の受験指導をする教員らからなる六人の著者が、今の世界で最も重要と考えた一〇〇の場所を解説したものです。現役の受験生やかつての受験生が主な読者なのではないかと思います。全国統一の大学入学資格試験であるバカロレアには、「歴史・地理」という科目もあり、「一九四五年から現在までの欧州建設（段階、争点、限界）」「東アジア、勢力エリア——空間の編制」といった論述問題に四時間かけて解答します。「人間は自己に幻想を抱かざるを得ないのか」「自由は平等によって脅かされるのか」といった非常に抽象的な哲学の試験が課される一方で、歴史・地理の設問がかなり「地政学」的であるのは興味深いことです。対イラク開戦目前の二〇〇三年二月、ド＝ヴィルパン仏外相によって国連で行なわれ、むげに格調が高すぎるとして当のアメリカでは反発を買った開戦反対演説は、そうした複合的な知識形成の産物であるのかもしれません。

本書のキー概念はいかにも地政学的な「パワー」です。原語は puissance で、英語の power におおよそ相当する二つの語のうちの一つであり、おもに「権力」と重なる pouvoir に比べてかなり幅広く、「勢い」としての「力」を示すのに用いられます。英仏同スペルの force との区別を考えて、敢えてカタカナを充てました。前書きによれば、このキー概念は東洋医学の「気」になぞらえられています。

リストアップされた一〇〇か所は、四つの章に分類されています。まず「パワーを発散する地点」として、一三の都市名が挙げられます。いわば点です。「パワーが織り成される空間」が八つの地域、五つの海、南極、宇宙、サイバースペース。二次元あるいは三次元空間です。「パワーの鍵となる地点」が、一四組の水路と一つの石油パイプライン。いうまでもなく線です。「パワーの対決の地点」が、五七の新旧の紛争地。国際時事的な「ホット・スポット」の拡張版と言えるでしょうか。以上一〇〇か所の構成は、アジア人から見ると、都市をはじめ全体的にヨーロッパの比重が大きかったり、セネガルのカザマンスをラストに据えた紛争地の取捨選択がいささか偏っていたりに思えますが、フランス人が国際情勢を捉える視角の一端を示唆しているともいえます。

冒頭はワシントンではなくニューヨークです。お次はEUの代名詞、ブリュッセルです。インドの都市から挙げられるのは、アムリトサルというシーク教の総本山です。アジアは東と南が別立てです。重要な水路の中に、デンマーク周辺の海峡群、それに日本周辺の海峡群が入っています。新旧の紛争地は、ライン川を筆頭に、マルタ、チアパス、マクマホン・ライン、沿ドニエストル、ナイル川など、いかにもヨーロッパ的な項目もあれば、意外な項目も見受けられます。紙上の世界旅行というにはシリアスな内容ですが、国際情勢にかなり詳しい人でも読みどころのあるハンドブックになっています。

翻訳は二〇〇八年の初版に基づいたものを二〇一〇年八月の第三版に照らして改稿することになりました。本書の内容が生きた現実であることの証左とも言えます。その後もチュニジアやエジプト、リビアに加えてスーダンも含めた中東・北アフリカの広域的な変動、ベルギーの本格的組閣不能状態の継続、西沙・南沙諸島をめぐる緊張の高まり、レバノン内政の不安定化、米特殊部隊によるビン＝ラーディンの殺害、アフリカの角地域の大飢饉など、世界は動き続けています。

国際情勢はむろん地政学的なアプローチ「だけ」で説明できるものではありません。また、国家をはじめとする世界のさまざまな主体の関係を、ゲームボードの上で陣地を取り合う駒に還元するようなアプローチには、確かにきな臭さが漂います。が、ともすれば逆に世界各地の問題を人間ドラマ的な形で発信、感受しやすい日本人は、平和という理想を唱えるためにはなおさら、そうした現実主義的な世界観も押さえておいた方がよいのではないでしょうか。

「地政学」的な思考法の根底には地理があります。それぞれの項目の最初に簡単な説明が付されていますが、たとえばライン川がヨーロッパの「南北の基軸」となってきたといった記述は、目の前に地図があったほうがはるかに腑に落ちるようになります。原書にはなかった地図を編集部で加えたゆえんです。

最後になりましたが、東日本大震災と福島原発事故の衝撃によって、多くの人々が打ちのめされたにもかかわらず、「世界の厳しい現実の中で主要国として果たすべき役割」云々という類の主張には警戒が必要だと思っています。「世界の厳しい現実」は知っておくべきですが、これまで日本は無理に背伸びをしすぎてきたのですから。昨年とは何かが大きく変わってしまった夏に、一点の翻訳書を付け加えるという行為に向けて力を合わせてくださった白水社編集部の中川すみさん、浦田滋子さんに心から感謝いたします。なお、原文の明らかな誤記はとくに明記せずに訳者の責任で訂正してありますが、一部の数字については編者の指示に基づいて第三版とも異なるものに改めています。

斎藤かぐみ

二〇一一年九月

編・著者紹介

パスカル・ゴーション
高等師範学校卒、歴史学教授資格者、グランドゼコール受験予備校IPESUPで経済・経営系受験予備学級を担当、一九九二年にPUFでマジョール叢書を創設、編集責任を担い、アンティオス協会の代表を務める。

ジャン＝マルク・ユイスー
グルノーブル経営学院地政学教授、グルノーブル政治学院国際関係論博士課程在学

著者紹介

オリヴィエ・ダヴィド
歴史学教授資格者、パリのスタニスラス高校で経済・経営系グランドゼコール受験予備学級を担当。

ソニア・ル＝グリエレック
国際高等研究学院修了、GEO-K社の地政学および戦略的長期予測に関する顧問。

ジャン＝リュック・シュイサ
スタニスラス高校で経済・経営系グランドゼコール受験予備学級を担当。

パトリス・トゥシャール
リヨン高等師範学校卒、歴史学教授資格者、グランドゼコール受験予備校IPESUP-PREPASUPで経済・経営系受験予備学級を担当。

訳者略歴
斎藤かぐみ（さいとう・かぐみ）
一九六四年生まれ。一九八八年、東京大学教養学部教養学科卒。一九九四年、欧州国際高等研究院（ニース）修了。電機メーカー勤務等を経て、現在フランス語講師、翻訳。

主要訳書
『力の論理を超えて　ル・モンド・ディプロマティーク　一九九八―二〇〇二』（共編訳、NTT出版、二〇〇三年）
ベアトリス・アンドレ＝サルヴィニ『バビロン』（白水社文庫クセジュ八八九番）
オリヴィエ・ロワ『現代中央アジア』（白水社文庫クセジュ九一一番）
ジャック・プレヴォタ『アクシオン・フランセーズ』（白水社文庫クセジュ九四二番）
ジャン＝マリ・シュヴァリエ『100語でわかるエネルギー』（白水社文庫クセジュ九五〇番）

本書は二〇一一年刊行の『100の地点でわかる地政学』第一刷をもとにオンデマンド印刷されております。

100の地点でわかる地政学

二〇一一年一〇月二五日第一刷発行
二〇一六年 九 月一五日第二刷発行

訳　者 © 斎藤かぐみ
発行者　及川直志
印刷・製本　大日本印刷株式会社
発行所　株式会社白水社
東京都千代田区神田小川町三の二四
電話　営業部〇三（三二九一）七八一一
　　　編集部〇三（三二九一）七八二一
振替　〇〇一九〇―五―三三二二八
郵便番号一〇一―〇〇五二
http://www.hakusuisha.co.jp
乱丁・落丁本は、送料小社負担にてお取り替えいたします。

ISBN978-4-560-50962-3
Printed in Japan